TRATADO DO TODO-MUNDO

Tratado do Todo-Mundo
Traité du Tout-Monde
Édouard Glissant

© Édouard Glissant, 1997
© n-1 edições, 2024
ISBN 978-65-6119-017-6

Embora adote a maioria dos usos editoriais do âmbito brasileiro, a n-1 edições não segue necessariamente as convenções das instituições normativas, pois considera a edição um trabalho de criação que deve interagir com a pluralidade de linguagens e a especificidade de cada obra publicada.

COORDENAÇÃO EDITORIAL Peter Pál Pelbart e Ricardo Muniz Fernandes
DIREÇÃO DE ARTE Ricardo Muniz Fernandes
TRADUÇÃO© Sebastião Nascimento
GESTÃO EDITORIAL Gabriel de Godoy
PRODUÇÃO EDITORIAL Andressa Cerqueira
ASSISTÊNCIA EDITORIAL Inês Mendonça
PREPARAÇÃO Flavio Taam
REVISÃO Graziela Marcolin
EDIÇÃO EM LaTeX Paulo Henrique Pompermaier
CAPA Kamila Vasques

A reprodução parcial deste livro sem fins lucrativos, para uso privado ou coletivo, em qualquer meio impresso ou eletrônico, está autorizada, desde que citada a fonte. Se for necessária a reprodução na íntegra, solicita-se entrar em contato com os editores.

Tratado do Todo-Mundo é o quarto volume da série *Poétique*, precedido por *Soleil de la conscience*, *L'Intention poétique* e *Poétique de la relation*, e sucedido por *La Cohée du Lamentin*.

1ª edição | Junho, 2024
n-1edicoes.org

Tratado do Todo-Mundo

Édouard Glissant

tradução **Sebastião Nascimento**

O GRITO DO MUNDO	12
REPETIÇÕES	30
O *TRATADO DO TODO-MUNDO* DE MATHIEU BÉLUSE	38
ONDULAÇÕES, REFLUXOS	60
O TEMPO DO OUTRO	74
ESCREVER	100
O QUE O NÓS ERA, O QUE O NÓS É	108
PONTUAÇÕES	158
OBJEÇÕES A ESSE TAL *TRATADO* DE MATHIEU BÉLUSE, E RÉPLICA	182
MEDIDA, DESMEDIDA	194
INFORMAÇÕES	218

Para Olivier Glissant.
Para as ondas grandes e pequenas.
Para as músicas grandes e pequenas.

Os Jardins nas Areias
(Tema para o diálogo essencial com um poeta)

Os Jardins A parte secreta do poema, o que o contador guarda para si de solidão e graça. O lugar que ele oferece à atenção divinatória d'Aquela que augura, à dissertação do amigo e do irmão, em frágil partilha.

As Areias A ébria disputa dos jugos do mundo, em que cada um deles canta e encanta. São também o sofrer de todos os sofreres. As areias não são inférteis. Repousam o silêncio em todo esse ruído ao redor.

O GRITO DO MUNDO

Dizem-nos, e há de ser verdade, que tudo anda desregrado, desnorteado, amortecido, enlouquecido, o sangue e o vento. É o que vemos e vivemos. Mas é o mundo inteiro que fala com você, por meio de tantas vozes amordaçadas. Para onde quer que se volte, você encontra a desolação. E ainda assim você se volta.

Sem dúvida, pois, ao nos esforçarmos por compartilhá-lo, trazemos ao encontro de todo o conhecimento aquilo que há tempos cada um de nós meditou ou suscitou, e, de minha parte, aqueles poucos pressentimentos que me levaram a escrever e que eu, na escrita, incessantemente transcrevi ou, por incapacidade, traí.

O *pensamento da mestiçagem*, do valor oscilante não apenas das mestiçagens culturais mas, antes até, das culturas da mestiçagem, que possivelmente nos preservam dos limites ou das intolerâncias que nos aguardam e que nos abrirão novos espaços de relacionamento.

O *impacto recíproco das técnicas ou das mentalidades do oral e do escrito* e as inspirações que essas técnicas insuflaram em nossas tradições de escrita e em nossas transmissões de voz, de gestos e de gritos.

O *lento esfacelamento dos absolutos da História*, à medida que as histórias dos povos, desarmados, dominados, por vezes em vias de extinção pura e simples, mas que, contudo, irromperam em nosso teatro comum, por fim se encontraram e contribuíram para mudar a própria representação que fazíamos da História e de seu sistema.

A obra cada vez mais evidente daquilo que chamei de crioulização, sublime, imprevisível, tão distante das tediosas sínteses, já refutadas por Victor Segalen,[1] às quais um pensamento moralizante nos convidaria.

As poéticas difratadas deste Caos-Mundo que compartilhamos, assim como e para além de tantos conflitos e obsessões de morte, e de cujas constantes será necessário que nos acerquemos.

A sinfonia e, igualmente vivazes, as disfonias que gera em nós o multilinguismo, esta nova paixão das nossas vozes e dos nossos ritmos mais secretos.

≈

São esses alguns dos ecos que fizeram com que aceitássemos agora escutar juntos o grito do mundo, sabendo também que, ao escutá-lo, percebemos que, *doravante, todos o ouvem.*

Não é sempre que vemos e é cada vez mais frequente que não nos esforcemos para ver a miséria do mundo, a das florestas de Ruanda e a das ruas de Nova York, a das fábricas clandestinas da Ásia, onde as crianças não crescem, e a das silenciosas altitudes andinas, e a de todos os locais de humilhação, degradação e prostituição, e a de tantos outros que fulguram diante de nossos olhos arregalados, mas não podemos deixar de admitir que isso faça um ruído, um rumor infatigável que misturamos sem saber com a musiquinha mecânica e fastidiosa dos nossos progressos e dos nossos legados.

---

1. Victor Segalen (1878-1919), médico, escritor e antropólogo francês, célebre por seu estudo sobre o exotismo e a experiência estética do diverso. [N. T.]

Cada um tem suas razões para buscar essa escuta, e essas maneiras distintas servem para mudar esse ruído do mundo que todos ao mesmo tempo ouvimos aqui-lá.² [*ici-là*]

E essas razões, que extraímos numa árdua paixão de escrever e de criar, de viver e de lutar, tornam-se hoje para nós lugares--comuns que aprendemos a compartilhar; mas lugares-comuns preciosos: contra os desregramentos das máquinas identitárias das quais tão frequentemente somos feitos presa, como, por exemplo, do direito de sangue, da pureza da raça, da integralidade, senão da integridade, do dogma.

Nossos lugares-comuns, se hoje não têm nenhuma eficácia, absolutamente nenhuma eficácia contra as opressões concretas que estarrecem o mundo, mantêm-se ainda assim capazes de modificar o imaginário das humanidades: é pelo imaginário que, no fundo, sobrepujaremos essas derrelições que nos atingem, sendo que ele já nos ajuda a combatê-las, redirecionando nossas sensibilidades.

Esta será minha primeira proposição: ali onde os sistemas e as ideologias falharam, e sem renunciar de modo nenhum ao repúdio ou ao combate que você deve travar em seu local específico, projetemos ao longe o imaginário, por meio de uma ruptura infinita e de uma repetição infindável dos temas da mestiçagem, do multilinguismo, da crioulização.

2. A noção de *ici-là* é cara ao pensamento de Glissant, que a propõe para representar a simultaneidade ou a coexistência de diferentes lugares, contextos, temporalidades e realidades, invocando a multiplicidade de perspectivas, identidades e experiências que a todos constitui, bem como ao mundo que todos integram, na condição de seres interconectados e inter-relacionados em meio à pluralidade de histórias, geografias e culturas. Representa uma ruptura com a leitura binária e dicotômica do tempo e do espaço, invocada na expressão "bi" arrolada anteriormente, em favor da abordagem aberta, inclusiva e plural. A expressão está presente no volume imediatamente anterior a este *Tratado do Todo-Mundo* (que corresponde ao *Poétique* IV) na tetralogia das Poéticas, em *Poétique de la relation – Poétique* III (Paris: Gallimard, 1990, p. 204). Para uma discussão sobre a difusão dessa terminologia no pensamento caribenho francófono, ver Mary Gallagher, "Between 'here' and 'there', or the 'hyphen of unfinished things'", in ____. (org.), *Ici-là: Place and Displacement in Caribbean Writing in French*. Amsterdam: Rodopi, 2003, p. xiii-xxix. [N. T.]

Aqueles que se encontram *aqui* vêm sempre de um "lá", da vastidão do mundo, e eis que estão decididos a trazer a este aqui o frágil saber que arrastaram consigo. Um saber frágil não é ciência imperiosa. Intuímos que estamos a perseguir um mero rastro.

Eis aqui minha segunda proposição:
Que o pensamento *do rastro* se coloque, por oposição ao pensamento sistêmico, como uma errância que orienta. Sabemos que o rastro é o que nos coloca a todos, de onde quer que venhamos, em Relação.

Ou o rastro foi vivido por alguns, lá, tão longe tão perto, aqui e ali, sobre a face oculta da Terra, como um dos lugares da sobrevivência. Por exemplo, para os descendentes dos africanos escravizados e deportados para o que logo se passou a chamar de Novo Mundo, ele foi no mais das vezes o único recurso possível.

≈

(Toda uma parcela do real, subtraída de um passado insubmisso, redistribuída em cada canto da vida, redita em cada livro:)

O rastro está para a estrada como a revolta para a injunção, o júbilo para o garrote.
Esses africanos traficados para as Américas trouxeram consigo, de além das Águas Imensas, o rastro de seus deuses, de seus costumes, de suas línguas. Confrontados com a desordem implacável do colono, tiveram a genialidade, atrelada aos sofrimentos que suportaram, de fecundar esses rastros, criando – mais que sínteses – resultantes capazes de surpreender.
As línguas crioulas são rastros abertos nas águas do Caribe ou do Oceano Índico. O jazz é um rastro recomposto que correu o mundo. Assim como todas as músicas deste Caribe e destas Américas.

Quando esses deportados se aquilombaram pelas florestas, abandonando as fazendas, os rastros que seguiram não acarretavam o abandono de si mesmos nem o desespero, tampouco o orgulho ou a soberba. E não pesaram sobre a terra nova como se fossem estigmas irreparáveis. Quando premimos em nós, quero dizer, os antilhanos, esses rastros de nossas histórias ofuscadas, não é para desde logo evitar um modelo de humanidade que, de maneira "toda rastreada", oporíamos a esses outros modelos que nos são impostos. O rastro não figura uma senda inacabada ou um tropeço sem volta, nem uma aleia encerrada em si mesma, que demarca um território. O rastro penetra a terra, que nunca mais será território. O rastro é a maneira opaca de abarcar o galho e o vento: ser a si mesmo, inclinado ao outro. É a areia na genuína desordem da utopia. O pensamento do rastro permite ir às distâncias dos estrangulamentos sistêmicos. Por isso ele refuta todo cúmulo de possessão. Ele fende o absoluto do tempo. Ele se abre para esses tempos difratados que as humanidades do presente multiplicam entre si, por seus conflitos e maravilhas. Ele é a errância violenta do pensamento que compartilhamos.

(De grito em fala, de conto em poema, do *Sol da consciência* à *Poética do diverso*,[3] também para mim essa mesma oscilação.)

≈

Se renunciamos aos pensamentos sistêmicos, é porque sabemos que eles impuseram, aqui e lá, um absoluto do Ser, que foi a um só tempo profundidade, magnificência e limitação.

≈

Quantas comunidades ameaçadas atualmente dispõem apenas da alternativa entre, de um lado, o dilaceramento essencial, a anarquia identitária, a guerra das nações e dos dogmas, e, do

---

3. Ambos da lavra do autor: *Soleil de la conscience*. Paris: Gallimard, 1997; *Introduction à une poétique du divers*. Paris: Gallimard, 1996. [N. T.]

outro, uma *pax romana* imposta pela força, uma neutralidade oca que faz repousar sobre todas as coisas um império todo-poderoso, totalitário e benevolente.

Estaremos todos reduzidos a essas impossibilidades? Não teremos o direito nem os meios de viver uma outra dimensão de humanidade? Mas como?

≈

Mais do que nunca, massas de negros são ameaçadas e oprimidas por serem negras, de árabes por serem árabes, de judeus por serem judeus, de muçulmanos por serem muçulmanos, de indígenas por serem indígenas, e assim por diante ao infinito das diversidades do mundo. Essa ladainha, na verdade, não tem fim.

A ideia da identidade como raiz única dá a medida em nome da qual essas comunidades foram subjugadas por outras e em nome da qual muitas delas travaram suas lutas de libertação.

Mas em contraponto à raiz única, que mata o que está à sua volta, não ousaremos propor por extensão a raiz em rizoma, que estabelece Relação? Ela não é desenraizada, mas não usurpa o seu entorno.

Arremessemos sobre o imaginário da identidade raiz-única esse imaginário da identidade-rizoma.

Ao ser que se impõe, apresentemos o ente que se apõe.

Rejeitemos ao mesmo tempo o retorno do refugo nacionalista e a estéril paz universal dos poderosos.

Num mundo em que tantas comunidades veem fatalmente impedido seu direito a qualquer identidade, é paradoxal propor o imaginário de uma identidade-relação, de uma identidade-rizoma. Creio que aí se encontra, no entanto, uma das paixões dessas comunidades oprimidas: supor essa superação, trazê-la ao encontro de seus sofrimentos.

Não é preciso bradar uma vocação humanista para ser capaz de compreender isso.

≈

Chamo de *Caos-Mundo* o choque atual de tantas culturas que se inflamam, se desprezam, desaparecem e, contudo, subsistem, se aplacam ou se transformam, lentamente ou com velocidade fulminante: esses lampejos, essas explosões cujo princípio e cuja economia mal começamos a apreender e cujo ímpeto não temos como prever. O Todo-Mundo, que é totalizante, não (nos) é total. E chamo de *Poética da Relação* essa possibilidade do imaginário que nos leva a conceber a globalidade inabarcável de um tal Caos-Mundo, ao mesmo tempo que nos permite vê-lo em algum detalhe e, sobretudo, de nele cavar o nosso lugar, insondável e irreversível. O imaginário não é o sonho, tampouco o vazio da ilusão.

≈

Partimos do pressuposto de que um dos traços dessa poética passa pelo lugar-comum. Quantas pessoas simultaneamente, sob auspícios contrários ou convergentes, pensam as mesmas coisas, se fazem as mesmas perguntas. Tudo está em tudo, sem necessariamente se confundir. Você supõe uma ideia, eles a abocanham vorazmente, ela lhes pertence. Eles a proclamam. Eles a reclamam. É o que designa o lugar-comum. Ele congrega nossos imaginários melhor que qualquer sistema de ideias, mas sob a condição de que você esteja alerta para reconhecê-lo. Eis aqui alguns que se referem à relação entre as culturas na Relação mundial.

– Pela primeira vez, as culturas humanas em sua quase totalidade estão inteira e simultaneamente em contato e em efervescência de reação umas com as outras.
(Mas ainda existem espaços fechados e *tempos* distintos.)

– A globalidade, ou totalidade, do fenômeno delineia a característica: as trocas entre as culturas carecem de nuance, as adoções e as rejeições são selvagens.

(A lei da fruição elementar, individual ou coletiva, reforçada ou mantida pelos mecanismos de poder e de persuasão, preside tanto a adoção quanto a rejeição.)

– Também pela primeira vez, os povos têm total consciência da troca. O televisionamento de todas as coisas exaspera esse tipo de relação.

(Se há repercussões subliminares, elas logo são detectadas.)

– As inter-relações se reforçam ou se abatem a uma velocidade dificilmente concebível.

(Cabe dizer que essa velocidade lança luz para nós sobre a assustadora imobilidade de tantas transformações vertiginosas do mundo.)

– Braçadas de influências (as dominantes) ganham corpo, as que conduzem por caminhos que levam a uma padronização generalizada.

(Não acredite estar se contrapondo a isso unicamente por meio do exaspero do seu isolamento.)

– A Relação não implica nenhuma transcendência *legitimadora*. Se os espaços de poder são bem invisíveis, os centros de direito não se impõem em lugar nenhum.

(A Relação tampouco possui moral: ela não decide. Da mesma forma, não lhe cabe assinalar o que seria seu "conteúdo". A Relação, sendo totalizante, é intransitiva.)

– As inter-relações procedem principalmente por fraturas e rupturas. Chegam talvez até a ser de natureza fractal: donde decorre que nosso mundo é um caos-mundo.

Sua economia geral e sua indefinição são as da *crioulização*.

≈

A partir destes arquipélagos que habito, erguidos em meio a tantos outros, eu lhes proponho que pensemos essa crioulização.

Processo imparável, que envolve a matéria de que é feito o mundo, que combina e altera as culturas das humanidades do presente. Aquilo que a Relação nos dá a imaginar, a crioulização nos dá a viver. A crioulização não culmina na perda de identidade, na diluição do ente. Ela não implica renunciar a si mesmo. Ela sugere a distância (o ir-se) em relação às perturbadoras coagulações do ser. A crioulização não é aquilo que perturba uma determinada cultura a partir de dentro, por mais que saibamos que muitas culturas foram e serão dominadas, assimiladas, levadas ao limite da anulação. O que ela faz, para além dessas situações no mais das vezes desastrosas, é manter relação entre duas ou mais "zonas" culturais, convocadas a um ponto de encontro, do mesmo modo como uma língua crioula opera a partir de "zonas" linguísticas diferenciadas para daí extrair seu conteúdo inédito.

Rapidamente se percebe que espaços de crioulização sempre foram mantidos (as mestiçagens culturais), mas que a crioulização que nos interessa hoje se refere à totalidade-mundo, uma vez consumada essa totalidade (principalmente pela ação das culturas ocidentais em expansão, isto é, por obra das colonizações). A Relação alimenta o imaginário, sempre a ser imaginado, de uma crioulização que daqui em diante se generaliza e não arrefece.

A crioulização é imprevisível, ela não teria como se coagular, se deter, se inscrever nas essências, nos absolutos identitários. Aceitar que o ente mude ao perdurar não é se aproximar de um absoluto. O que perdura na transformação, na mudança ou na troca é talvez, acima de tudo, a propensão ou a audácia de mudar.

Eu lhes ofereço o termo crioulização para significar essa imprevisibilidade de resultados inauditos que nos impedem de sermos persuadidos por uma essência ou de nos cimentarmos em excludentes.

Essa cintilação do ente respinga em minha linguagem: nossa condição comum aqui é o multilinguismo.

Escrevo daqui em diante na presença de todas as línguas do mundo, na pungente nostalgia de seu futuro ameaçado. Sei que é vão tentar conhecer o maior número possível delas; o multilinguismo não é quantitativo. É uma das formas do imaginário. Na língua que me serve à expressão, e mesmo assim eu não me serviria unicamente dela, já não escrevo de maneira monolíngue.

"Preservar" as línguas, contribuir para salvá-las do desgaste e do desaparecimento, consiste nesse imaginário de que tanto falamos. Não acreditemos que uma língua possa ser de um dia para o outro, e sem maiores sobressaltos, universal: ela logo pereceria, sob o mesmo código a que seu uso generalizado desse lugar. Aquilo que o sabir norte-americano ameaça, antes de mais nada, são as surpresas, os saltos, a vida orgânica e enérgica, as debilidades preciosas e as reentrâncias secretas das línguas inglesa, americana, canadense, australiana etc. A simplificação que facilita as trocas logo as desnatura.

≈

A primeira reunião do Parlamento Internacional dos Escritores, em Estrasburgo, em 1993, não foi de modo algum poliglota, mas certamente multilíngue.

Não foi a única vez que escritores e intelectuais tentaram se reunir em congresso ou em assembleia. A história nos oferece ilustres exemplos.

Talvez não tenha sido a primeira vez que se procurou restituir ao termo *parlamento* seu sentido, não de lugar para o qual se é eleito e onde se vota e se decide, mas de lugar onde se fala.

Mas foi a primeira vez que um parlamento desses também se propôs a pura e simplesmente *escutar* – como dissemos – o grito do mundo.

Não as teorias, as ideologias, os poderes – não um sistema ou uma ideia de mundo –, mas o imenso enredamento, no qual não se trata nem de se entregar à lamentação primordial nem de se lançar a esperanças irrefreadas. A palavra gritada do mundo, com a qual contribui a voz de cada comunidade. O amontoado de lugares--comuns, de gritos deportados, de silêncios mortais, em que se verifica que o poder dos Estados não é o que genuinamente nos move, aceitando que nossas verdades não comungam do poder.

≈

(Eis que, tendo evocado as línguas ameaçadas, as línguas sustadas, retorno aqui a outra de minhas aflições e eis que repito minhas palavras, como um eco estriado numa greta que, por sua vez, grava um calcário frágil. É para ampliar os escapes que o exercício da tradução realiza entre línguas e linguagens:)[4]

A tradução é como uma arte da fuga, isto é, tão lindamente, uma renúncia que se consuma.

Há renúncia quando o poema, transcrito em outra língua, deixou escapar uma parcela tão grande de seu ritmo, de suas estruturas secretas, de suas assonâncias, dessas coincidências que são o acaso e a permanência da escrita.

É preciso consentir esse escape, e essa renúncia é a parte de si que em toda poética se abandona ao outro.

A arte de traduzir nos ensina o pensamento da esquiva, a prática do rastro que, a contrapelo dos pensamentos sistêmicos, nos indica o incerto e o ameaçado, que convergem e nos reforçam. Sim, a tradução, arte da aproximação e do quase toque, é uma frequentação do rastro.

Contra a limitação absoluta dos conceitos do "Ser", a arte de traduzir amealha o "ente". Rastrear as línguas é amealhar o imprevisível do mundo. Traduzir não chega a reduzir a uma transparência, tampouco a conjugar dois sistemas de transparência.

Por isso, esta outra proposição que o uso da tradução nos sugere: opor à transparência os modelos da opacidade aberta das existências irredutíveis.

4. Na terminologia do autor, a distinção entre *língua* e *linguagem* aponta para elementos objetivos e subjetivos, respectivamente, no emprego do idioma. [N. T.]

≈

Pleiteio para todos o direito à *opacidade*, que não é a reclusão. É para reagir assim contra tantas reduções à falsa clareza dos modelos universais.

Não me é necessário "compreender" quem quer que seja – indivíduo, comunidade, povo –, "levá-lo comigo" ao custo de, desse modo, sufocá-lo, perdê-lo numa totalidade entediante que eu geriria, para que possa aceitar com ele viver, com ele construir, com ele arriscar.

Que, uma vez encontrada, a opacidade – a nossa, em se tratando do outro, e a do outro para nós – não se feche sobre o obscurantismo ou o *apartheid*, que seja para nós uma festa, não um terror. Que o direito à opacidade, por meio do qual seria possível, na melhor das hipóteses, preservar o diferente e reforçar a aceitação, vele, ó luzes!, por nossas poéticas.

≈

Tudo isso, contado sumariamente, tem por único mérito abrir o rastro para outros ditos. É às poéticas conjuntas que apelo neste momento. Nossas ações no mundo são eivadas de esterilidade se não modificamos, na medida de nossas possibilidades, o imaginário das humanidades que constituímos.

Tomo por fiadores o povo que Matta reuniu na entrada desse Parlamento de Escritores em 1993, em Estrasburgo.[5] Foste acolhido por todo um coro de vozes que se erguia num clamor. Povo de estátuas, cujo chapéu inca cobria a toga egípcia, cujo sári africano vestia a pose inuíte, cujos condões de bronze ou de cobre, amarelo que respira e violeta que sofre, davam suporte a todo tipo de formas estilizadas, reconhecíveis e mescladas, vindas de todos os cantos do mundo, germinadas de tantas belezas do mundo.

---

5. Roberto Matta (1911-2002) foi um pintor surrealista chileno. [N. T.]

Essas obras eram mestiças, sua arquitetura dava a ver a diversidade, recolhida por um artista num resultado inesperado. Sim. Esse estatuário se assemelhava a esse clamor.

Um povo que assim fala é um país que compartilha.

O pensamento arquipelágico convém ao ritmo dos nossos mundos. Ele lhe toma de empréstimo o ambíguo, o frágil, o derivado. Admite a prática do desvio, que não é fuga nem renúncia. Reconhece a dimensão dos imaginários do rastro, que ele ratifica. Seria isso uma recusa a se governar? Não, é chegar a um acordo com aquilo do mundo que está difuso justamente por arquipélagos, essas espécies de diversidade na imensidão, que, não obstante, juntam as margens e conjugam os horizontes. Damo-nos conta do que nele havia de continental, de espesso, e que pesava sobre nós, nos suntuosos pensamentos sistêmicos que regem até hoje a história das humanidades e que já não são adequados a nossas rupturas, a nossas histórias ou a nossas errâncias não menos suntuosas. O pensamento do arquipélago, dos arquipélagos, nos abre esses mares.

Do ponto de vista da identidade propriamente dita, o alcance do poema resulta da busca, errante e não raro inquieta, das conjunções de formas e de estruturas graças à qual uma ideia do mundo, emitida em seu lugar, encontra ou não outras ideias do mundo. A escrita submete os lugares-comuns do real a um exercício de aproximação que se baseia numa retórica. Michel Leiris realizou-o em sua obra. Maurice Roche também, de uma outra forma. A identidade não é proclamatória. Nesse domínio da literatura e das formas de expressão, ela é operatória. A proporção dos meios de dizer e de sua adequação são mais fortes que a proclamação por si só. A reivindicação de identidade não passa de proferimento se não for também medida de um dizer. Quando, inversamente, designamos as formas do nosso dizer e as informamos, nossa identidade já não se baseia numa essência, mas conduz à Relação.

REPETIÇÕES

Os movimentos da descoberta e da colonização do mundo, antes de mais nada, colocaram em contato culturas atávicas, há muito estabelecidas cada uma delas em sua crença e em seu território. Culturas atávicas porque se legitimavam por uma Gênese, por uma Criação do mundo, da qual retiraram sua inspiração e souberam criar um mito, foco de sua existência coletiva. É certamente um privilégio frequentar diretamente o sagrado, falar com seu Deus, confiar em seus desígnios. Depreende-se daí que toda comunidade ou cultura que engendre dessa maneira uma Gênese tem por bem dela extrair uma lição para todos. Por uma sucessão absolutamente legítima (que não se pode questionar) de filiações, ela se conecta a esse dia primordial da Criação e, em decorrência disso, afirma seu direito à terra que ocupa, que se torna seu território. A filiação e a legitimação são as duas tetas dessa espécie de direito divino de propriedade, ao menos para as culturas europeias.

Atávicas também as culturas dos países árabes, dos países da África Negra e dos países ameríndios, tendo, no entanto, toda uma série de nuances no trato do divino, nos modos imaginados da Criação e, consequentemente, nas pretensões sobre a terra ocupada.

O contato entre essas culturas atávicas nos espaços da colonização deu origem, em certos lugares, a culturas e sociedades compósitas, que não engendraram uma Gênese (adotando os mitos da Criação vindos de alhures), e isso em razão de sua origem não se perder na noite, pois é evidentemente de ordem histórica e não mítica. A Gênese das sociedades crioulas das Américas se funda em outra obscuridade, a do ventre do navio negreiro. É isso que chamo de digênese.

Aclimatem-se à ideia de digênese, habituem-se a seu exemplo e vocês abandonarão a impenetrável exigência da unicidade excludente.

As sociedades compósitas não frequentam o sagrado ou o divino a não ser de forma indireta, poder-se-ia dizer mesmo que por procuração. Suas seitas compõem impressionantes sínteses da Gênese, que de um modo exacerbado tomam conteúdos de empréstimo de todos os lados. Quando se encontram religiões, como no Haiti ou no Brasil, de inspiração daomeana, sua pulsão é atávica e seu rito compósito. Mas as sociedades em questão têm a vantagem de não se verem constrangidas por costumes milenares ou tabus indecifráveis, cujo peso seria esmagador.

A maior parte das convulsões do nosso tempo é definida por um contexto assim: culturas atávicas disputam entre si até a morte suas respectivas legitimidades ou questionam reciprocamente o direito legítimo de expandir seu território. Ou impõem a outras culturas do mundo essa legitimidade. Culturas compósitas contestam os últimos resquícios da legitimidade de outrora das velhas culturas atávicas.

Essas proposições, mesmo que se constate que tenham sido decalcadas de outros, devem ser repetidas, por mais que não sejam ouvidas.

≈

A crioulização é o estabelecimento de contato entre diversas culturas ou, pelo menos, entre diversos elementos de culturas distintas em determinado lugar do mundo, tendo por resultado um dado novo, totalmente imprevisível em relação à soma ou à mera síntese desses elementos.

Somos capazes de prever o que resultará de uma mestiçagem, mas não de uma crioulização. Diz-se tanto desta como daquela que, no universo do atávico, produziriam uma diluição do ser, um abastardamento. Outro imprevisto é que esse preconceito se apaga lentamente, mesmo que se aferre a lugares imóveis e isolados.

A ideia de pertença atávica ajuda a apoiar a miséria e reforça a coragem empregada no combate à servidão e à opressão. Numa sociedade compósita, em que os elementos da cultura são hierarquizados, em que um deles é inferiorizado em relação aos outros, o reflexo natural e o único possível é valorizar esse elemento desse modo atávico, em busca de um equilíbrio, de uma certeza, de uma perenidade.

Seria um negro americano sem domicílio fixo e abrigado num amontoado de caixas de papelão numa gélida sarjeta de Nova York capaz de aceitar a ideia da crioulização? Ele sabe que sua raça e a singularidade de sua raça para o Outro em grande medida entram na designação de seu estado.

Seriam as sociedades ameríndias sob ameaça de desaparecimento capazes de se defender em nome da crioulização, sendo que o próprio mecanismo que contribuiu, pelo menos de início, para desculturá-las parecia se confundir com ela?

A questão, porém, está aí. As contradições das Américas, as convulsões do Todo-Mundo são para nós inextricáveis enquanto não tivermos resolvido em nossos imaginários a querela do atávico e do compósito, da identidade raiz única e da identidade relação.

≈

Os Estados Unidos da América, por exemplo, são uma sociedade multiétnica na qual, contudo, o intercâmbio das etnias, que deveria ter sido a norma numa tal multiplicidade, quase não se pratica. Três isolantes incidiram sobre a questão:

- as velhas oposições e as tradições de conflitos entre as religiões vindas da Europa, que ecoam de modo mais ou menos obscuro, mais ou menos inocente no novo contexto;
- a longa luta contra as nações ameríndias (a Conquista do Oeste) e seu extermínio quase completo;
- a deportação dos escravos[1] provenientes da África (o Tráfico Negreiro), cujas repercussões são ainda visíveis.

Em todos esses casos, opressores e oprimidos precisaram se referir à etnia como unicidade ou valor, e talvez seja mais convincente ou efetivo que essas unicidades étnicas se tenham preservado: de tal forma que a história desemboca, pelo menos atualmente, nessa aparente contradição de uma sociedade multiétnica à mercê do isolamento interétnico.

Terra do multiculturalismo, os Estados Unidos não são um território de crioulização, não ainda. Desta, o que ali se efetiva sente a necessidade de um assentimento generalizado, difícil de obter.

≈

Por fim, com relação a este debate, a questão que inscreveríamos em filigrana seria a seguinte: uma teoria moderna do multiculturalismo não permitiria afinal camuflar melhor o velho reflexo atávico, apresentando a relação entre as culturas e comunidades, no interior de um grande conjunto tal como o dos Estados Unidos, como uma justaposição reconfortante e não como uma crioulização imprevisível (e perigosa)?

Essas proposições devem ser repetidas até que sejam ao menos ouvidas.

1. Ao longo do livro, empregou-se a palavra "escravo" em vez de "escravizado". Apesar de a segunda forma ser preferível por desnaturalizar o processo de escravização, evidenciando o dinamismo da construção social da pessoa em situação de escravidão, optou-se pela primeira, mais próxima de *esclave*, vocábulo de que Glissant faz uso no original francês. Preserva-se, assim, a força poética do texto, a precisão do campo lexical empregado pelo autor e sua opção estilística de não recorrer ao neologismo verbal *esclavagisé* para dar conta da distinção. [N. E.]

A *Rua do Desejo que Sobe* desemboca direto nos 109 rios flanqueados por casuarinas e mangueiras selvagens. Lá, saboreamos o amargo mabi.[1] A *Rua da Gruta Verde* de fato se encurva, ela arqueia seus canaviais até a beira do mar, onde estão guardados os touros. Mal se veem no horizonte os lumes fumacentos onde os zumbis dançam a dança, ah! ao longo da *Rua dos Regressais*. É onde pescamos à noite, protegidos pelos mosquitos. Essas ruas criam um arquipélago, o arquipélago faz espuma, nós habitamos a espuma. Galharda, santanária, *Lari fouté-fè* se oferece aos turistas. Atravessando-a, a *Rua da Bela Noite que Fuma* atiça seus vulcões, com a Mãe Timê a fumar seu cachimbo, de olhos fechados.[2] Sabemos que rua também se diz via: metemo-nos pela *Via de[gl]i umiliati* rumo à *Via dei malcontenti*.[3] Ao fim do dia, corremos fazer nossas reverências, *Rua das Virgens Doidas*. Em seguida, nossas abluções, na *Rua dos Velhos Agachados*. Excedemo-nos a ponto de chegar à entrada, ainda canhestra e cheia de valetas, da *Rua do Fim do Mundo*.

[Rua da Flagelação]
[Rua dos Desvalidos]
[Rua dos Belisários]

•

1. A mabi, também chamada de mauby ou maví, é uma bebida amarga, popular em todo o espaço caribenho, feita à base de açúcar, casca de mabi (*Colubrina elliptica*) e especiarias, especialmente anis, fermentada utilizando um resíduo da batelada anterior. [N. T.]
2. *Man-Time* no original, contração do nome com que é apresentada a personagem Thimotée. *Man* é a forma afetuosa e respeitosa usada na Martinica para se referir e se dirigir às figuras femininas próximas. [N. T.]
3. Alusão ao nome de ruas de Milão e Florença, respectivamente. [N. T.]

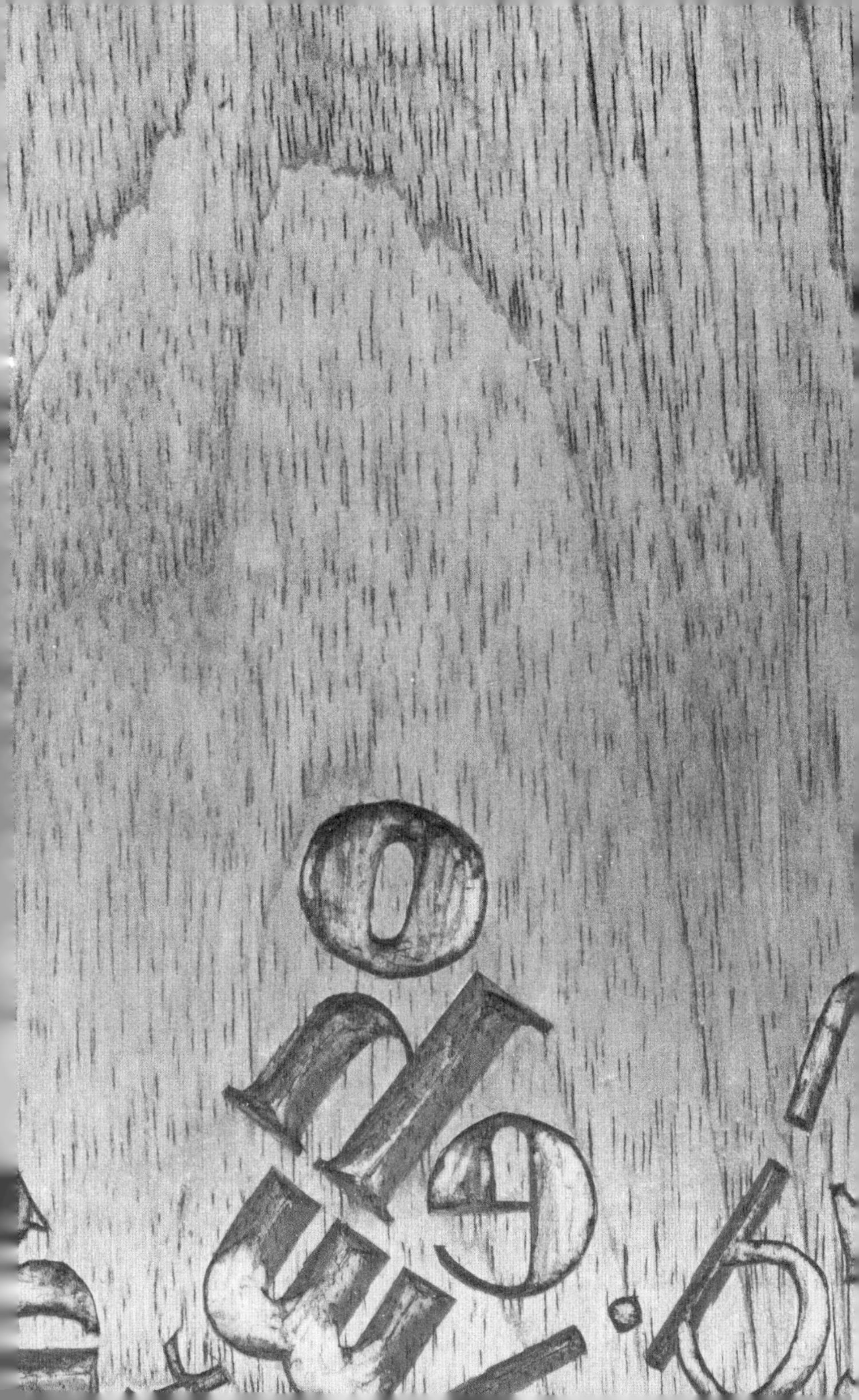

O *TRATADO DO TODO-MUNDO* DE MATHIEU BÉLUSE

Livro 1

Os países que habito se constelam em arquipélagos. Eles recordam os idos de suas eclosões. Quando reencontramos um pedaço impenetrável de tempo, uma rocha inquebrável, aquilo que nós chamamos também de "bi", vemo-nos diante desse "bi" de tempo, sem que nos sintamos alheados, damos uma volta nessa obscuridade, passeamos pela menor ravina ou pelo menor promontório, até adentrar a coisa. Assim como os fragores do tempo, o fragor dos tempos não se perde em nossas terras.

Já sabíamos que se pode viver não fora do tempo, mas sem ele, pelo menos sem a necessidade de lhe estipular um alinhamento regrado ou de reparti-lo em divisões inalteráveis. O tempo que passa não estava perdido, ele apenas se encontrava desprovido de vida (e mesmo assim nos lembramos de tudo, numa desordem de aparências) e a vida explodia não fora, mas através do tempo, nesses acúmulos de sol ou de chuva, de quaresma ou de rio transbordado, onde se apanhavam aos borbotões em pequenas nassas os graúdos peixes negros de cabeça quadrada, ou então se raspava o fundo da lagoa para agitar a água, sob o olhar sempre atento dos sapos papudos.

O que nunca deixávamos de fazer era levar em conta as terras distantes. Como se a imagem das distâncias respondesse à nossa inquietude com a duração do tempo. No pedaço inquebrável de tempo que minha infância ainda me apresenta, a vida das terras distantes era maravilhosa. Isso nos ajudou muito a decorar a lista dos 89 departamentos da França que precisávamos recitar em cantilena, com as respectivas capitais e o número de habitantes, que tombavam como golpes de bumbo arrematando a fileira. Muitos de nós jamais tinham visto nem contemplado o que quer que fosse da França, por mais que nos entupíssemos de farinha branca, cebola branca e manteiga branca, sempre que conseguíamos arranjar um bocado.

A Mãe Thimotée e seu companheiro não paravam de se reconciliar e de voltar a se separar. Trocavam palavras que éramos incapazes de decifrar. Falavam-se por símbolos e parábolas, como se sua relação fosse feita para a história que contávamos dela e como se a vida deles, quando separados, não tivesse mais moldura.

Ela gritava: "Eu sou um Brasil em brasa esbraseado por todos os ventos. O senhor não conhece o calor do vapor escaldante sobre a minha pele e os meus continentes".

Ele apostrofava: "Contenha-se, senhorita! Fique aí e 're-ti-pa'. Considere a China dessa machinação e a toga do mandarim. Eu sou a adivinhação e a vida".

Ela cantava: "Passaremos a corda ao redor do arrebol no redor do arredor".

Ele rogava: "Queira Deus que o traço tenha traçado, que o mundo tenha mandado e, depois, que o sol se erga e se ponha sobre esta corda".

A Mãe Thimotée vendia acarás e melado grosso, lotchios, mabi e erva-santa.[1] Seu companheiro saía para pescar. Eles imaginavam as terras ao longe. Um dia, foram encontrados em casa, ambos mortos, com roupa de domingo, deitados em sua cabana, ninguém entendeu o porquê. Nunca se entende a amargura ou a morte. Foi isso em 1965, no ano em que nasceu Jérôme? É o que nos livros se chama de romance.

≈

---

1. O acará, também chamado de accra, akara ou acarajé, com origem na culinária da África Ocidental, é um bolinho frito feito à base de farinha de feijão, fava ou grão-de-bico, podendo levar ervas e peixe ou camarão na massa. O lotchio é um doce esférico feito com coco ralado caramelizado no melado. [N. T.]

As folhas de palmeira que secamos para entrançar os chapéus bakoua e os leques de casa,² os cacaueiros de sombra fresca, os tufos de café em ritornelo rosa e castanho, as moiteiras de cana que nos castigam com espinhos e sóis, eis apenas um pedaço desse tempo que não conhecíamos e do qual não sabíamos que já nos havia aprisionado ao seu atoleiro e a suas rochas.

Pois aquilo que se chamava de Grande Guerra deambulava em torno de nós. Desde que o mundo chamou, quer dizer, desde que essas lascas de rocha começaram a nos lapidar, travamos a guerra, Grande ou colonial, em que nos usavam como material. E se você diz isso, apenas que você travou todas essas guerras, eles despacham qualquer sujeito designado às suas ordens, com o trejeito de sabujo ou a viscosidade de transmutado, que te repreende: "Ah! Você gosta de falar de guerras...". Mas nós não as declaramos. Nós as travamos, se é que se pode dizer.

Assim, pois, a Grande evaporava à nossa volta. Se bem que nós também aprendemos a calcular como uma mecânica: o antes, o durante e o depois da guerra. Era uma maneira de amontoar em pilhas essas lascas de tempo que degringolavam à nossa volta, para que ao menos parassem de nos dilapidar.

A Grande não nos golpeou diretamente. Ela nos havia cercado de grandes barcos tonitruantes, eram os *méricains*, que às vezes eram visíveis no horizonte. Deixavam-nos ali a amargar todos os nossos tipos de combate um contra o outro, sob os olhos vigilantes dos ocupantes: vigilantes para rapinar o pouco de comida do país para alimentar uma frota mais do que voraz, sem qualquer exceção. Um pedaço de terra cercado de mar, isto é, de cruzadores e de torpedeiros, leva a imaginação de qualquer um ao longe. Aqueles de nós que partiam em dissidência, cruzando o

---

2. A bakoua é uma árvore típica da Martinica. Espécies do mesmo gênero são conhecidas no Brasil como pândano e vacuá. Depois de alisadas e secas, suas folhas são amplamente utilizadas na cestaria, na produção de ornamentos e na fabricação dos conspícuos chapéus de palha. [N. T.]

canal de Santa Lúcia ao sul ou a passagem da Dominica ao norte, os Fanons, os Manvilles e outros,³ "numa barqueta frágil" sob a lua morta, assim que escapavam dos patrulheiros petainistas e muito antes de saudar modestamente os aduaneiros e os oficiais portuários de Roseau ou de Castries ou então de serem içados a um desses grandes navios, começavam a se dar conta de que as terras ao longe não eram aquilo que haviam imaginado. Pode ser simplesmente porque os pescadores que os atravessavam assim de contrabando jamais lhes haviam dito que esse canal ao sul ou ao norte seria tão duro de atravessar.

A imensa maioria daqueles de nós que por lá ficávamos, sem vento que nos levasse, morria então de alguma outra coisa que não exatamente a fome, mas em cima de pilhas de cana-de-açúcar e de açúcar rubro em decorrência disso e em cima de canhões e [brancos locais] trovões e, pode-se dizer, de rios de rum, que os *békés* estocavam à espera da abertura do mar.⁴

É sabido que a fome faz vocês olharem para longe. Quer dizer, quando ela não é definitiva, quando ela não tiver saqueado toda a vida ao redor e quando lhes resta um punhado de bananas verdes que vocês subtraíram à rapacidade dos fuzileiros navais e que vocês enterraram atrás de casa para escapar às requisições.

Imaginem aquilo que se imaginava na época. Um campo de centelhas imóvel na distância das terras, onde as pessoas corriam sem se esfalfar, trabalhavam sem fadiga, comiam sem enxergar o fundo da tigela, já nem precisávamos consultar os artilheiros senegaleses em serviço no país para termos uma ideia do que era o Senegal, nem perguntar aos ajudantes corsos da Colonial para saber exatamente o que era a Córsega. Se um funcionário do Governo Geral deixava transparecer que vinha das Cevenas ou se papeávamos a respeito dos mericanos e de seu país, onde

---

3. Marcel Manville (1922-1998), jurista nacionalista martinicano, amigo próximo de Fanon, tendo lutado ao seu lado na Segunda Guerra Mundial, na Resistência e na Guerra da Argélia. Integrou a equipe de juristas dedicada à defesa dos militantes argelinos que eram julgados na França. [N. T.]

4. O termo *béké* é utilizado para se referir aos descendentes diretos dos colonos brancos nas Antilhas Francesas. [N. T.]

há tanto azeite, tanta banha, tanta carne de vaca e ao que parece nem tanto da de porco, podíamos abrir a roda e convocar tantos sujeitos das Cevenas quantos quiséssemos e todos os mericanos que fossem necessários.

Alfonse Patraque (não confundir com o agente de polícia Alphonse Tigamba)[5] tinha se apaixonado por uma toureira de Santa Lúcia.[6] Já se sabia que seria inviável para ela, que chegara a Martinica discretamente e na surdina, e estando sob um governo de Vichy, tendo em vista que a moça era bem inglesa. Costumávamos chamar os de Santa Lúcia, brancos e negros e indianos e chineses, de ingleses. Désira não tinha tido tempo de organizar seu regresso para casa, e agora era tarde demais, fora totalmente barrada pela chegada da frota francesa, o *Béarn*, o *Surcouf*, o *Émile Bertin*, que haviam adentrado a Baía dos Flamengos em frangalhos, fugindo ao mesmo tempo dos navios alemães e dos torpedeiros americanos. E agora essa imensa desordem em sua existência. Tem-se a clara impressão de que Alfonse se aproveitara da situação, um pouco de cantoria que se entoa, muita reviravolta de conversa, para obter aquilo que ele acreditava ser um mero abate de nada. Mas então a coisa explodiu em seu corpo e, depois disso, ele cruzava os ares em planador, repetindo somente: "Meus companheiros, meus companheiros!".

Désira se aproveitou disso. Ela o obrigou, era algo tão simples, a organizar um passeio pelo canal de Santa Lúcia. Era simples, ela disse: "Prometa-me que vai, do contrário vou eu esta noite até o porto". Ele abreviou o assunto, gritando: "Sim, sim!". Porém nenhum pescador quis atravessar aqueles dois, que não tinham dinheiro vivo suficiente. Proclamavam a Alfonse: "Pois então, disseram-nos que você quer partir como dissidente." Ele destilava: "Não, não, não é a Pátria que chama, é o Senhor dos Amo-

---

5. Personagem do romance *Malemort* (Paris: Gallimard, 1997). [N. T.]
6. No original, *matador*, termo utilizado na Martinica para se referir a mulheres de temperamento forte a agressivo. [N. T.]

res." Ele esgotou todos os meios, barcos a vela, pranchas a remo, chatas, esquifes e até mesmo uma motoneta que normalmente fazia a rota entre Marin e Fort-de-France.

O que é que tinha estourado dentro do seu corpo? Ele soube que a tempestade havia se formado quando, pela primeira vez, naquele barracão de placas de ardósia ajustadas entre dois postes de madeira velha, ele passou a mão pelo corpo de Désira, que por sua vez retirou essa mão, porque queria se incumbir disso ela mesma. Alfonse ficou doente. Dali em diante, vagava por dentro de si mesmo à procura daquilo que havia transbordado.

Encontrou uma grande jangada, do tipo que se utiliza na pesca do ouriço-do-mar branco, armou-a como teria feito um verdadeiro armador ou um genuíno mestre pesqueiro, as velas, os remos, o leme, a tenda de suprimentos. Nesse momento, ele nos ciciou como numa confidência (não havia por que alertar as autoridades): "Quero ver o mundo, como ele gira e como é que neva e se forma o gelo, e como ele queima." E de fato ele viu. Depois da travessia do canal, que foi como uma debandada do seu corpo erguido sobre os remos e as cordas, um combate de gigantes contra os ventos zumbis e as ondadas vampirescas, foram recolhidos logo no início da manhã pelos policiais de Castries que vieram ao seu encontro: separaram Désira e Alfonse, ele foi incorporado ao Regimento das Antilhas-Guiana que estava empenhado na defesa do bolsão de Bordeaux (sem que tivesse tido tempo sequer de considerar ou descobrir o que foi que o atingiu tão terrivelmente) e lá morreu de um estilhaço alemão, dez minutos antes da rendição oficial daquele bolsão.

Dez anos depois, conheci uma outra Désira, sem que tivesse tido a graça de conhecer o tormento de Alfonse. Eu aceitava as coisas como quer que a mim chegassem e sempre estive pronto para o mais-que-perfeito do futuro. Os homens sempre têm medo, é o que os protege. Mas não quero esconder por baixo de generalidades aquilo que só diz respeito a mim.

– Vejam, disse ela, a floresta da Amazônia, que se fecha sobre sua gente e é infatigável na contagem daqueles que tombam e ao mesmo tempo de suas árvores desenraizadas, uma vida uma árvore, uma árvore uma vida, desbastadas. A floresta do Zaire, um campo de concentração, semeado de valas comuns, percorrido por esqueletos em marcha. Eles se evaporam dali, quem seria capaz de recuperar o seu pó? Pensamos nisso, pensamos nisso, pensamos em outra coisa. Dizemos que as florestas são o pulmão da terra. E como é que pode uma floresta se cobrir de noites assim? Como é que ela não descompassa esses descompassos humanos? Ah, queria poder lhes dizer que me sinto bela!

Livro 2

Era o que ela dizia. Porque ela era capaz de viver aqui e lá, em vários lugares ao mesmo tempo, em vários tempos, ontem, amanhã, e porque ela afugentava a sorte. Adoramos acalentar nossos amores e nossas certezas num lugar bem forrado de pano ou de folhas, uma naninha. A ideia da errância nos parece vagabundagem e impudência do sentimento. Trilhar o além nos dá medo, porque não ardemos com a necessidade da conquista e não vemos por que, em razão disso, seria preciso sair a divagar por toda parte. Nossas imagens do mundo nos bastavam, elas deliravam por nós e em nós, sem que fosse preciso ir ver. E assim, sem saber, eu sentia medo de uma mulher capaz de o arrastar de um golpe a lugares imponderados, sem que você pudesse desviar pelo caminho. Nós pressentimos e sentimos, nós, homens, galos caboclos e pães-duros de choças, que, nessa tribulação que sempre lhes coube, as mulheres da nossa terra conduziram a barca do sonho e seguraram firme nas mãos as cordas da revolta e da ação e do sofrimento, com as quais as voltas são dadas a passos contados, tratando de não puxar muito a corda. Tamanho é o seu poder. Talvez as culpemos, mas, contando vantagens, seguimos inteiramente confusos.

Temos medo também do imprevisível e não sabemos como conciliar isso com um possível anseio de construir, isto é, de traçar planos. É preciso tempo para aprender esta maneira nova de trilhar o amanhã: contando com o incerto e preparando-se para o predizível.

Mas as mulheres não têm medo do incalculável.

Elas não são autorizadas a ver nem a tocar os Deuses, mas, melhor que qualquer encarregado do rito, elas os pressentem. Elas discernem de longe e são munidas de profecia, afeitas à psique no linguajar moderno, espiãs impregnadas do imprevisível.

Eu já tinha experimentado o desdobramento. Tinha conhecido Oriamé[1] no lugar que chamamos de a terra de origem e que não é a França, não, senhor, mas as terras da África.

Ela vivia numa cidade cujo nome me escapa, o nome das cidades nesses tempos idos indicavam a função do lugar ou a cor das muralhas ou a localização: se elas margeavam a floresta ou se fincavam na savana seus muros de lama seca ou suas torres redondas refletidas em rios maiores que o mar. Mas o mar estava distante e aqueles que viviam perto dele não imaginavam o que ele levava a outras paragens, protegido que estava por ressacas ferozes e barras impiedosas.

Nesses tempos idos, não havia tempo, exceto aquele que vai do meio da noite ao meio do dia.

Dizia-se que Oriamé, a obscura, havia nascido numa casa em que viviam três mulheres e onde um ferreiro havia passado a noite, uma noite. Ao acaso da penumbra, ele havia procriado. Quer dizer que a mãe de Oriamé se havia desvanecido no seio daquela noite, ela não fora percebida.

O ferreiro, que não se dignou a construir sua casa na vizinhança, tampouco queria trabalhar nas máscaras ou nas formas de nossos deuses, talvez conhecesse outros, mais poderosos e bem-aventurados. Ele havia fabricado ferramentas para cada um, sem exceção, sem esquecer sequer o caçula dos meninos que ainda viviam em casa com a mãe, e ele se foi, como se tivesse subitamente morrido, sem deixar para trás nada além desse alvoroço de foices, de cutelos e de tantos outros instrumentos, sem contar o rastro recém-traçado de Oriamé, do qual não tinha conhecimento. Partiu, aliviado do peso dos metais que trouxera até nós, para se juntar aos ancestrais e aos deuses, com quem ele tinha marcados lugar e data, mas para lá do tempo sabido, sob os braços de um baobá ou de uma sumaúma ou de um mogno-africano.

1. Personagem de forte carga simbólica, apresentada em *Tout-monde* (Paris: Gallimard, 1995). [N. T.]

A mãe de Oriamé dedicou sua filha ao Senhor, senhor de todas as vidas, que se chamava Ásquia, que se sentava em público sobre as ancas de seus escravos prostrados, realizava razias por todas as terras, depois se encerrava no salão mais recôndito de seus grandes palácios. Todos os senhores se chamam Ásquia. Nesses tempos idos, não se sabia, mas a questão não tardaria a se pôr, que os escravos eram bem mais que escravos em termos de bens e riquezas, eram dinheiro vivo, não se sabia o que era dinheiro vivo.

Oriamé, filha do acaso de casa e dedicada ao senhor Ásquia. Ou princesa nascida de tão remotas lendas e que o rejeita. Morre jogada, por obra de um ministro ardiloso, num precipício rodeado de paus-campeches. Não, ela é raziada por uma coluna de caçadores de escravos a caminho do mar, ela se lança ao fundo do mar de cima da ponte do *Rose-Marie*, um navio negreiro. O tenente da tripulação, que a queria para si, considera ter sofrido uma grande perda. No mesmo instante, dois cativos do porão, dois desatinados, dois possuídos, engalfinham-se por ela, sem perceber que ela saltou a amurada, sem sequer perceber que são arrastados, para onde? Escravos por seus grilhões, livres em todo esse ódio. Não, não. Ela me amava, senhor Ásquia. É óbvio que eu não imaginava que era africano – a África não é realmente África aos olhos dos outros, a não ser no momento da conquista, eu era um errante hábil em dar forma a nossas máscaras, e o senhor Ásquia não se dignou a me incorporar em seus regimentos – nem que eu viria a ser antilhano, aclimatado ao desdobramento e à viagem no ponto. Ela me amava, senhor Ásquia. Mas sei bem que tudo isso é ilusão e vertigem.

Oriamé não tinha, em vista de seu fado, a menor inclinação para amar quem quer que fosse, amo ou admirador.

Depois disso, ingressei em um conto, que vocês chamam de romance. Mais surpreso por esse ingresso que por ter frequentado, ao longo do tempo, uma princesa considerada obscura. Um conto, um mundo virtual, portanto. Vivia nele ao sabor de leis quase indecifráveis. A rapidez selvagem compelia. A cada instante, viradas insanas nas esquinas e cruzamentos descerravam espaços insondáveis. As cores se desfaziam em cintilações, mas era assim que rumorejavam seus linguajares. O tempo de viver era o mesmo que o de morrer. O instantâneo se mantinha idêntico ao duradouro.

Na mesma toada, levo uma outra vida, considerada real. Talvez eu seja "aquele que se ocupa na contemplação de uma pedra verde", como diz o poeta da Îlet-les-Feuilles.[2] Sou vago assim. Um esguio. Sigo minha jornada, cumpro a minha tarefa. Vivemos juntos, Marie Celat e eu, nunca fizemos engranzamento nenhum, não diga que volto a histórias já contadas. Quanta energia é preciso para revirar uma única história. Há sempre uma única história. A verdade é que estou descobrindo o quanto a vida dita real se mistura à virtualidade do conto ou do romance. No conto se conta, embora muito elipticamente, a vida-e-morte de nossos dois filhos, Patrice e Odono. O narrador achou por bem tornar público algo que, de mais a mais, toda a gente do país já sabia. Também é verdade que, a um dado momento do seu causo, ele me fez morrer, ou quase. Uma experiência vivificante. Que o tempo do conto se misture assim com o tempo da vida, é o melhor caminho para ficar por ali, quase em suspensão, no meio de uma calmaria de floresta. Calmaria não é o nome do sol que se abre depois da chuva, é uma clareira, onde às vezes o tempo fecha. Patrice foi esmagado em um acidente, moto contra caminhão, Odono ficou preso no mar entre duas rampas de enchente divididas por uma vazante. Ou então foi o contrário, acontece de eu confundir as circunstâncias de um e de outro. Como se a água primordial e a mecânica brutal juntassem forças para cortar o rastro da filiação.

2. Alusão a Saint-John Perse, pseudônimo de Alexis Leger, a cuja família pertencia a ilhota guadalupense de Saint-Léger-les-Feuilles. [N. T.]

Só me resta dividir essa dor (mais terrível do que se só eu tivesse sido atingido) com Marie Celat, que todos aqui chamam de Mycéa.³ Mycéa é a mais perigosa das profetisas. De toda essa toada do mundo que se anuncia para nós, assim como desse grande buraco branco de onde emergimos, ela engendrou a razão de sua existência. Se eu não receasse incorrer, no pior sentido do termo, num lugar-comum, diria que Marie Celat é um avatar, quiçá sagrado ou cabalmente amaldiçoado, de Oriamé. É incontornável que toda vez ela se jogue, seja no precipício, seja no fundo do mar. Ela costuma dizer que essa predisposição foi a única que transmitiu a seus filhos e que eles seguiram a inclinação quase de imediato, até que a consumassem na morte brutal. E eu costumo dizer inúmeras vezes: pouco me importa a filiação, o que quero são meus filhos.

Isso é para nós, o tempo? Esse desdobramento, de Oriamé a Mycéa? A mesma maneira de arquear o corpo, mas com os pés calcados na terra, o mesmo leve desdém do lábio quando ela lhe grita a granel discursos tão implacavelmente organizados. A mesma beleza negra e rubra, entremeada de sombras violeta, que ignora ferozmente a si mesma e se recusa a ser reconhecida.

Não diga que busquei Oriamé em Mycéa, essa bobagem de novo. Nenhum absoluto de dor se assemelha a outro absoluto de dor. As mulheres acaso buscam no homem com quem convivem o reflexo daquele que ainda ontem ali estava? Poderia eu dizer que Mycéa me conheceu na vida da terra de origem? Na verdade, minha vida do conto se juntou à minha vida, o único recurso que consegui encontrar contra essa ilusão foi encaixar em preceitos e fórmulas essa ubiquidade, rastelar e capinar tudo em volta, e que esta escrita me poupe (com os aprestos da linguagem que adoto servindo então de barragem) de ouvir o que se move por baixo.

---

3. Uma das personagens mais importantes e recorrentes nos romances do autor. [N. T.]

Há pessoas incapazes de imaginar o mundo, elas espremem a cabeça, mas o mundo não sai para se esparramar diante delas. Pessoas que penam para concebê-lo, elas o enfiam à força nessas fórmulas que pratico, pela mesma desrazão de não sabermos como dar conta dele. Ele governa o nosso lugar, a nossa história, a nossa errância.

1. O Lugar. Ele é incontornável, porque não se pode substitui-lo, tampouco lhe dar a volta.

Mas se você quiser tirar proveito desse lugar que lhe foi dado, considere que agora todos os lugares do mundo se encontram, até os espaços siderais.
Não projete mais no além o que há de incontrolável no seu lugar.

Conceba a expansão e seu mistério tão palpável. Não parta de sua margem para uma viagem de descoberta ou de conquista.
Deixe que a viagem o conduza.

Ou melhor, parta do além e volte para cá, onde se abrem sua casa e sua fonte.
Corra rumo ao imaginário, tanto mais que se circula pelos meios mais rápidos ou mais confortáveis de locomoção. Plante espécies desconhecidas nas terras expandidas, faça que as montanhas se juntem.

Desça pelos vulcões e pelas penúrias, visíveis e invisíveis.

Não vá acreditar na sua unicidade, nem que a sua fábula é a melhor, nem que é mais elevada a sua palavra.

– Então você chegará a esta conclusão, que contém conhecimento do mais robusto: *que o lugar se expande em seu centro irredutível, tanto quanto em suas margens incalculáveis.*

2. *Chega de lamentos! Ousemos avançar. Desçamos pela história para dentro do nosso presente, tratemos de impeli-la para dentro do amanhã! Penetremos os sofrimentos que aqui estão, para prevenir aqueles que ainda surgirão.*

Concordo com isso. Ah, sim! Concordo. Mas cuidemos para que nossa história porventura não se enrede nesse fio que para nós foi tecido. Não mordamos essa isca. As histórias do mundo correm em círculo, elas não seguem a linha, são impertinentes de tantos alentos cuja fonte é insuspeita. Elas se desenrolam em todas as direções. Gire com elas!

Quanto a nós, ensinam-nos a contar: uma história. A consentir com a História. A nos dourar com a fulguração do seu estilo, que cremos ser nosso. Passaram-nos o fio. Mas o conto não conta uma história, o conto não dá conta das misérias, o conto vai à fonte oculta dos sofrimentos e das opressões e se regozija com alegrias desconhecidas, possivelmente obscuras.

Isso que você chamaria de nossas histórias, ô, são talvez longas respirações sem começo nem fim, nas quais se enrolam os tempos. Os tempos difratados. Nossas histórias são melopeias, tratados de linguagem contente, e cartas geográficas, e gozosas profecias que não têm a preocupação de se cumprir.

Ou quem sabe nossas histórias, essas cascas esculpidas de qualquer jeito, de mogno, do tão velho acoma, nas quais se reconhecem, tal como numa carteira de identidade, os olhos a testa o nariz a boca o queixo de um negro fugido.

3. É a própria errância que permite que nos fixemos. Deixarmos essas lições de coisas que estamos tão inclinados a admoestar, abdicarmos deste tom sentencioso em que compassamos nossas dúvidas – eu mesmo sou o primeiro a fazê-lo – ou nossas declamações, e enfim derivarmos.

Derivar para onde? Para a fixidez do movimento do Todo--Mundo. Para esses jogos de amarelinha trágicos, travessos, ajuizados ou benfazejos, que jogamos e cujas linhas não são formadas pelos horizontes.

A errância nos permite nos amarrarmos a essa deriva que não desorienta.

O pensamento da errância desenforma o imaginário, projeta--nos longe desta grota tornada prisão em que estivemos espremidos, que é a doca ou o recife da chamada poderosa unicidade. Somos maiores, somos de todas as variantes do mundo! Somos do seu desatino, onde ainda assim imagino.

Dirigindo o olhar, portanto, a tudo à nossa volta, constatamos apenas desastre. O impossível, a negação. Mas esse mar que explode, o Caribe e todas as ilhas do mundo são crioulos, imprevisíveis. E todos os continentes, cujas costas são incalculáveis.

Qual é essa viagem, que cinge seu fim em si mesma? Que tropeça num fim?

Nem o ente nem a errância têm fim, a mudança é sua permanência, ora! – Eles prosseguem.

Livro 3

Você se pergunta por que sigo assim de través, passando destas sentenças bem-fiadas a todo tipo de açaimo de palavras? Além disso, esse volteio no tempo, Oriamé, Mycéa, Désira? Estou impregnado de paisagens, é o único refúgio que encontro disponível. Escondidas sob a água do rio, reluzentes sobre as calçadas das cidades, dormentes no verde da relva e da árvore, cintilantes no espelho de sais ou areias, atormentadas em segredo, aquelas que realçam seu céu, aquelas que indicam a profundeza.
O tempo é uma paisagem, e logo outra, para a qual se caminha. Você entra no tempo, e lá você vive mais do que deseja. As mulheres compõem a paisagem. E se uma mulher muda e se vai, é que, para ela também, você é uma paisagem, e, por ela tanto quanto por você, as terras chamam. Neste lugar em que vivemos, diz-se que é cultural. Uma mistura de homens e mulheres, de tempos cadentes, de horizontes que se movem.

São muitos, no entanto, que não entendem isso. São cautelosos como um gambá acuado. Eles se concentram para suscitar o mundo, não conseguem. Para casar as paisagens, não conseguem. Para eleger todas as mulheres, não conseguem.

Como seriam capazes de soltar a voz? Nesta desordem e energia, qual história escolher para ser contada? Mera ilusão de tomar esta diagonal e por ela seguir até o fim. Resta-lhes a recitação daquilo que treme ao redor.

Mas, ao que parece, nem é preciso mais imaginar. Vocês dispõem de todas essas televisões e rádios e jornais. Que lhes recitam o pretenso romance daquilo que é. Vocês acabam por confundir guerra com guerra. Não existe mais paz. O instante não se juntou à duração, ele explodiu nela. É preciso refutar esse idêntico. É preciso examinar até as profundezas.

1. Não é uma distração da identidade questionar o idêntico.

Observamos quantos antigos senhores, ora convertidos em senhores do pensamento, se deleitam com a fala das ovelhas em seu rebanho, outrora servos e sujeitos à talha, quando essa fala com valentia se fecha em si mesma e faz soar a autenticidade pretensamente primordial.

Argumente, não com menos valentia, que você calcula não o seu ser, mas o seu restante. Pelo que você vai embora. Não tema que o acusem de se empenhar feito intelectual. De um jeito ou de outro, é o que farão. É por temerem que você de fato o seja.

Eles compartilham, o antigo senhor e o antigo oprimido, a crença no fato de que a identidade é fonte, de que a fonte é única e de que ela deve a todo custo sobrepujar.
Confronte tudo isso. Vá!

Exploda esse rochedo. Recolha seus pedaços e espalhe-os pela amplidão.

Nossas identidades se alternam, e assim fazem desabar em fúteis pretensões essas hierarquias veladas, ou que sub-repticiamente exigem se manter enaltecidas. Não aceite essas manobras do idêntico.

Abra ao mundo o campo da sua identidade.

2. Ah! Temos medo de chegar às profundezas. As profundezas, para nós, são o mangal e o mangue. Mas sabemos que não são a mesma coisa.

O mangal: a água e a terra em seus limites, onde já vivemos. Os uçás, caranguejos das profundezas. As brigas de gatos-bravos ("a gata matreira") e o mataréu de vetiver. Nós não representávamos problema para o mangal. Ficávamos loucos de passear ao léu por ali (mas correndo o risco da bronca que Marie-Euphémie nos reservava ao voltar, era o preço da ousadia). Tomávamos o rumo do mangal sem tomar cuidado. Obscuridade intricada, perdida em ramagens de raízes vermelhas, ela começava no cemitério e engolia a orla de água amarela lançada sobre a água azul, até a embocadura do Rio Salgado. Víamos o mundo ali: os possíveis que nossos olhares haviam suscitado.

O mangue é esse mangal, mas a partir de quando nos separamos dele, pois dele nos apossamos. O espaço é o mesmo, e as espécies também, mas elas rareiam. Sempre esse odor de lodo rançoso, de detrito orgânico – sempre essa pulsação de água que ferve. Nós percorremos o mangue, nós o riscamos de trilhas e estradas. Nós o reviramos com escavações, nós o aterramos. Nós tentamos, mas em vão, atingir suas profundezas. Ele se retirou para trás de seu mistério de imundície.

O mangue é o mangal que passou por nossas mãos descuidadas.

À margem do Rio Mississippi, diante da praça principal da cidade, imediatamente atrelados à luz e ao barulho, como se fosse de um lugar familiar, atravessamos o arrasto de turistas, as charretes, as pinturas à mostra, os sotaques distantes, perdidos, das músicas de café, das quais não se sabe se são jazz ou, mais provavelmente, lamúrias que ressoam do passado, chaves sonoras da lembrança.

O cântico espalhafatoso do *Natchez* anuncia uma partida que se aproxima. Esse barco a vapor, convencional no limite do possível, leva a visitar o Porto de Nova Orleans. Impossível imaginar que um som de órgão fosse capaz de ser tão azedo. Fizemos uma vez esse passeio pelo rio e experimentamos o tédio e o tranquilo vagar. Há pouco para ver: os longos comboios de barcaças em meio às carcaças das fábricas.

Esse porto fluvial nada tem do exótico dos portos marítimos. Mas é igualmente cativante. Captar esse algo no ar que você não sabe o que é, que mantém você em suspenso.

Um questionamento do mundo atravessa esse ar, voa em inglês, em francês e em todas as línguas dos turistas: Quais foram os resultados das eleições na África do Sul?

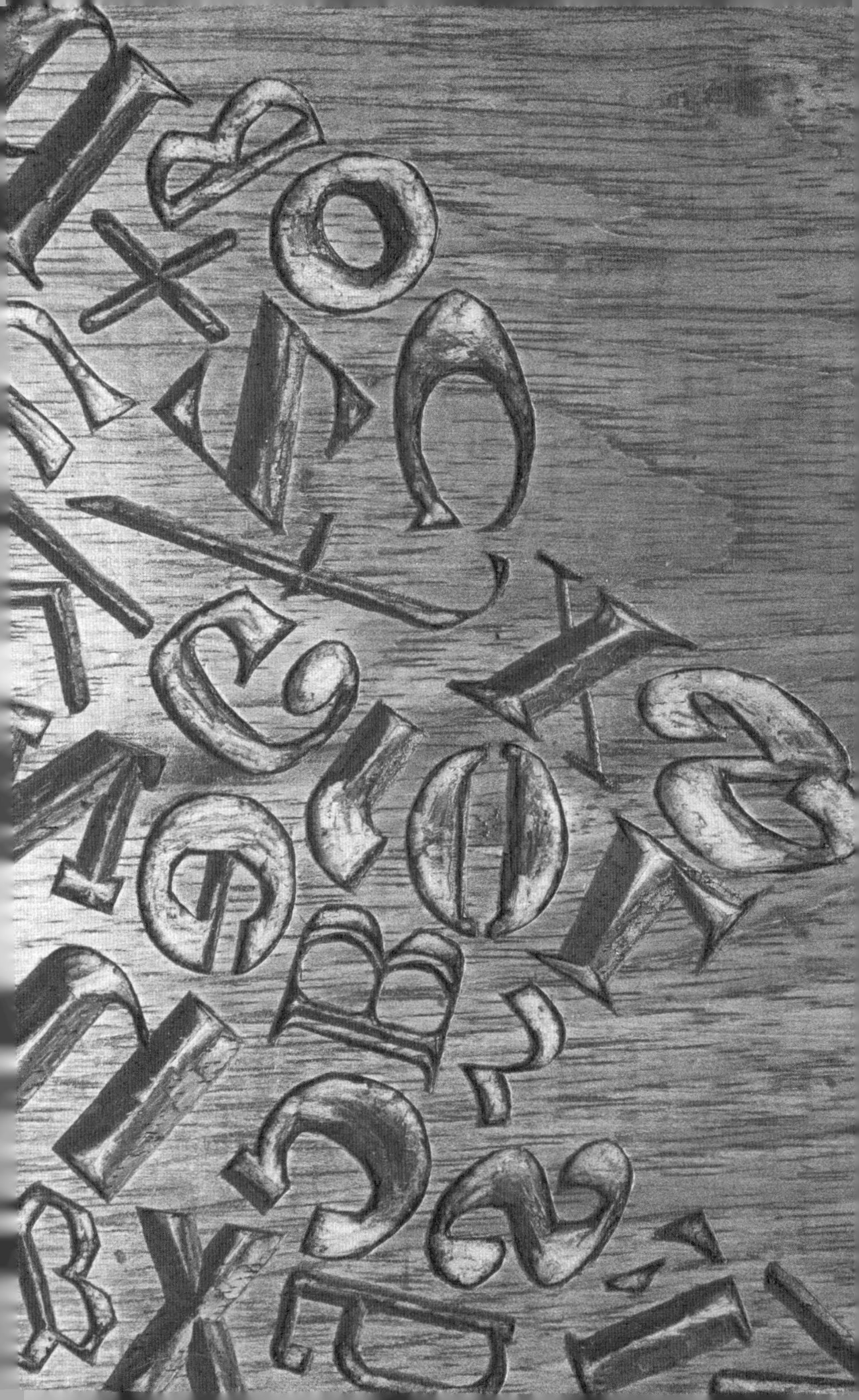

ONDULAÇÕES, REFLUXOS

Ondulações

Tudo rebenta, tudo murmura e recomeça sua refrega. Tudo se perde e despenca, para voltar a subir com esse vento. Nada menos que um assalto, uma vertigem e, desbolinado, esse tempo. Campo e morro e ravina, montes e angras![1] Uma pessoa que o excede em entusiasmo: uma paisagem. Uma fonte aprisionada, um delta todo enlameado. E então o grito e a fala, no instante e na duração. Tudo para mim são estações cadenciadas, que impulsiono rumo à Estação Única. É quando me sinto o filho chegado e o estrangeiro. Na língua que grito, minha linguagem chia em rajadas. Doces remansos se calam. Histórias desatam a História. Tudo é para mim ondulação, contada! Tudo para mim é Béluse e é Longoué,[2] que o vento decliva. A ondulação é um refluxo, que desatina de tanto revirar.

1. No original: *Camps et morne et ravine, monts et cohées!* Ocorrendo apenas uma vez neste volume IV da *Poétique*, a peculiaridade e a imprecisão semântica, etimológica e, consequentemente, ortográfica do termo *cohée* mereceram uma discussão mais detida no volume que encerra a pentalogia (*Poétique v: La cohée du Lamentin*. Paris: Gallimard, 2005, p. 39 [O pensamento do tremor. *La cohée du Lamentin*. Trad. Enilce do Carmo Albergaria Rocha e Lucy Magalhães. Juiz de Fora: Gallimard/Ed. UFJF, 2014, p. 46]): "*Cohée*: só se encontra nessa baía dos Flamingos, ao longo do mangue: a *cohée* do Lamentin. Essa palavra vem da língua crioula ou da língua francesa? Talvez de *accorer*? *Accorer un navire pour le réparer*. 'Escorar um barco para consertá-lo.' (Perto da baía existe um *port-cohé*.) Um *cohé*, pois, ou, se for o caso, uma *corée*? Que eu saiba, ninguém pode dizer. Encontra-se em Saint-Pierre um *Fonds-cohé*, em Guadalupe uma *cohée* de Basse-Terre. Talvez existam palavras derivadas de parte alguma, ou que esconderam cuidadosamente a sua fonte, ou que confundiram gêneros, ou que deambularam em vielas infrequentáveis, ou que simplesmente se exibem serenas e o desafiaram a analisá-las, oferecendo-se só a poucos?". Discussão que seria revisitada mais tarde pelo autor, ressaltando a relevância para a sua obra da noção que buscou expressão por meio do termo *fugidiço*: "Um amigo de Guadalupe me disse que lá chamam de *cohé* uma ave costeira, que paira sobre a praia com o bico aberto para engolir os mosquitos e todos os outros insetos voadores sem precisar pousar. [...] É possível constatar que esse *cohé*, quando o projetamos num espelho invertido, como gentilmente me assinalou o sr. Pascal G., nos sugere um eco, ou, pelo menos, uma desordem deliberada. Para mim, essa *cohée* do *Lamentin* representa aquilo que os vestígios da infância projetam em cada um de nós para nos ensinar sobre o Todo-Mundo" (*Une nouvelle région du monde*. Paris: Gallimard, 2006, p. 114-115). [N. T.]
2. Béluse e Longoué são dois dos protagonistas do romance *Le Quatrième siècle* (Paris: Seuil, 1964), que voltam a aparecer em *Tout-monde* (Paris: Gallimard, 1995). [N. T.]

Existe uma Itália também no mundo da lua. Com suas regiões dilatadas, um Norte que intimida um Sul, cidades emolduradas, paisagens pintadas, línguas multiplicadas... Propus quanto a isso, como fora referido em *L'Intention poétique*[1] e nos termos do poeta barbadiano Edward Kamau Brathwaite, que, para o Caribe, "a unidade é submarina". Referência ao tráfico de escravos, lugar-comum dos povos caribenhos, e aos africanos jogados ao mar, amarrados a balas de canhão, do convés dos navios negreiros. Esse caráter "afundado" da unidade revela e assinala que a relação entre os componentes da realidade caribenha não é apenas racional ou lógica, mas antes de mais nada subliminar, a ser descoberta, em constante transformação. Para expressar isso, que compartilhamos entre nós, multilíngues, é a linguagem que conta, ao contornar os limites das línguas utilizadas.

---

1. Édouard Glissant, *L'Intention poétique: poétique II*. Paris: Gallimard, 1997. [N. T.]

O nome de Mathieu

Estes nomes que habito se organizam em arquipélagos. Eles hesitam às margens de uma espécie de densidade, que talvez seja uma fratura, eles burlam qualquer interpelação, que infinitamente extrapolam, eles se perdem e se reencontram, sem que eu sequer pense nisso.

Mathieu me foi atribuído no batismo (no dia de São Mateus, 21 de setembro), depois abandonado na rotina e no alvoroço da infância, recuperado por mim (ou por um personagem exigente, esse Béluse) no imaginário, e se enxertou, para concluir ou recomeçar, em Mathieu Glissant. Ele não tem consciência – depois de Barbara e Pascal e Jérôme e Olivier, e seja como for, neste ano de 1996, ele tem apenas sete anos – dessa longa carreira por onde seu nome vagou.

Outrora eu supunha que o nome Glissant, sem dúvida concedido como a maioria dos sobrenomes antilhanos, fosse a inversão insolente de um nome de colono, Senglis portanto. O inverso dos nomes é carregado de sentido.

Incubamos em nós o instinto do ilegítimo, que aqui nas Antilhas é uma derivação da família estendida à moda africana, instinto recalcado pelos mais variados tipos de regulações oficiais, das quais as vantagens da seguridade social não são as menos efetivas. Eu me chamo Glissant desde por volta dos nove anos de idade, quando meu pai me "reconheceu". Até hoje, colegas do ensino fundamental, encontrados por milagre do acaso no aeroporto de Lamentin, interpelam-me pelo nome que eu tinha na época e que não é necessário relembrar. Esses camaradas da sala de aula são cada vez mais raros, e esse nome (que é o da minha mãe) não produzirá mais efeito no que me diz respeito – ignição da identidade ou princípio de dispersão – quando esses três companheiros tão antigos tiverem desaparecido, e eu com eles. Minha mãe está morta, a esperança a levou. É preciso deixar dormirem em nós os nomes que conduzem à melancolia.

Meu apelido de vizinhança também se irá, nome de conivência reservado aos amigos que assim o quiseram. Era "Godbi", e havia entre nós Apocal, Babsapin, Tikilic e Totol. Macaron, Chine, Sonderlo. O único desse bando cujo nome não mudou foi Prisca: já era surpreendente que um menino "ostentasse" esse nome de menina.

≈

> Marie Celat acha graça de nossas manias de dar sobrenome a todas as coisas, e se ela aceitava os disfarces dos nomes incomuns com que dávamos prova de uma imaginação tão ativa, precisa, fina e irracional (até hoje existem entre nós flandrinos de mais de cinquenta anos, dignitários de loja maçônica, eleitos do povo, poetas vagando à deriva ou funcionários bem posicionados, que na verdade – na vida e não no conto – se chamam [para nós] Apocal ou Babesapin [com ou sem *e*] ou Tikilik – Tikil, ou Atikil ou Atikilik, dá no mesmo – ou Godby [Godbi] ou Totol, também chamado Potolé, sendo Prisca o único a escapar dessa prática de dispersão, em razão de seu nome de batismo, feminino, fixo e invariável, já se bastar em matéria de apelido), ela na mesma hora contestava se não chamássemos um gambá de gambá e Le Lamentin de Le Lamentin.
>
> La Case du commandeur[1]

≈

Sobrenomes a tal ponto barroquizados, decretados e acatados por nós, urdiam um pacto secreto mas em sintonia com o curso normal da vida. Nem a conivência nem o pacto são ostentatórios. O mesmo ocorre no mundo todo, nos bairros esquecidos das

---

1. Édouard Glissant, *La Case du commandeur*. Paris: Seuil, 1981 [reedição de Paris: Gallimard, 1997]. [N. T.]

grandes cidades, nas trilhas agrestes em que passamos uns pelos outros em silêncio, mal acenando com a mão, nas aldeias dissimuladas por sua folhagem, nas profundas amplidões do deserto vivo. Mergulhamos no rio Lézarde, que a esta hora não é mais do que uma estria podre de água amarela marmoreada de plásticos e lixo ("O Lézarde como um rastro de lodo ao longo da pista de decolagem", *Ibidem*), dançamos sem parar nos três dias e nas três noites de Carnaval, esgotamos o fôlego com poemas e vertiginosamente nos informamos a respeito dos sindicatos agrícolas.

Tenho tantos nomes dentro de mim, e tantos países representados pelo meu. Foi isso que Marie Celat me ensinou, enquanto perambulava por nossas histórias como um animal abandonado. Os nomes vagueiam dentro de nós, e talvez guardemos diversos deles de reserva, um para a planície, outro para o arquipélago, outro para a trilha e outro ainda para o deserto. A sucessão de nomes acompanha o cortejo das paisagens. Pode-se degringolar por elas ou seguir lentamente seu curso. Eles acumulam terras e mares ao seu redor, nos quais nunca sabemos se vamos nos embrenhar para descansar ou se, de repente, não os ligaremos, errantes e abertos que são, a outras tantas areias e outros tantos rios ao longe.

A filiação e a legitimidade teceram a teia da duração. Asseguraram que nenhuma descontinuidade viesse a abalar a certeza ou perverter a fé. Elas instituíram a lei no país. A tragédia ocorria quando elas se viam ameaçadas, de dentro ou de fora, pelos erros daqueles que as detinham ou pelas investidas de seus usurpadores. É disso que tratam os poemas épicos e as canções trágicas. Mas o que pode ser feito de agora em diante? O território do poder é invisível e não mantém nenhum vínculo específico com uma terra, um solo ou um lar. Você pode conquistar um lugar mesmo sem ocupá-lo. Isso é o que chamamos de mercado. As meninas estão em Bamako enquanto as mães estão no Rio. Os pais aconselham seus filhos por e-mail. A terra da comunidade é o cúmulo da itinerância, onde amiúde se leva a própria morada consigo, como uma carroça de caravana. A maioria das pessoas, no entanto, insiste nessa legitimidade, que reputam ser ainda capaz de garantir seu privilégio. Pode-se supor, por exemplo, que uma das carências dos sistemas democráticos advenha do fato de que, amparados em sua legitimidade adquirida, todos os representantes eleitos sucumbem, como se por algum impulso fatal, à arrogância e à presunção, incapazes de conceber que a legitimidade pode ser temporária. Estados, religiões, doutrinas, nações, tribos, clãs e famílias edificam seu entorno irredutível com base nessa certeza.

    Uma leitora me escreve dizendo que não chegou a ler meu livro sobre Faulkner e seu condado de Yoknapatawpha, mas que estava surpresa por eu ter me interessado por esse cantinho do Mississippi, ou algo semelhante. O trabalho não precisa ser defendido, e eu seria um tolo se o fizesse. Minha resposta, no entanto, foi que William Faulkner, ao questionar a legitimidade desse rincão isolado, ao mostrar as perversões da filiação, fez com que aquele lugar se abrisse às dimensões do mundo.

O conceito se mostra misteriosamente fechado e aberto.

O pensamento sistêmico suprime no conceito aquilo que tem de aberto.

O pensamento do rastro confirma o conceito como impulso, dele relata aquilo que efetivamente tem de recitativo, coloca-o em relação, nele enaltece a relatividade.

Os ciprestes engolidos por epífitas, plantados no meio das águas de um *bayou* da Louisiana; as samambaias gigantes que recobrem a íngreme encosta da Route de la Trace,[1] na Martinica; a maré de vegetação em Tikal, na Guatemala, de onde as trirremes das pirâmides fazem brotar templos, com lances de degraus como se fossem remos à espera; a patética vigília das palmeiras, ao largo das colinas de Santiago de Cuba; as brechas dos rastros entre as canas, que te aprisionam por todo lado; as ruidosas gretas das ravinas soterradas ou dos grandes cânions largados a céu aberto; a amarelidão dos mangues, coalhando o azul-esmeralda do mar junto à cidade de Pointe-à-Pitre, em Guadalupe; os insondáveis tonéis da chuva guianense, demarcando indelevelmente o seu caos florestal; os rios transbordantes que revolvem a terra, o Mississippi e o Amazonas, bem como os pequenos rios que se extinguem sob suas rochas secas; e as cachoeiras estáticas em sua infinita violência, El Salto del Ángel, ou segredos ínfimos sob a ferrugem do tempo: as paisagens das Américas são abertura, desmesura, uma forma de irrupção no espaço. As histórias dos povos nelas se entrelaçam e esculpem monumentos que a energia que emana da terra move e muda incessantemente.

---

1. Estrada turística da Martinica que liga Fort-de-France a Le Morne-Rouge, cujo nome deriva da histórica trilha que a margeia, chamada de *Trace des Jésuites*. [N. T.]

Refluxos

Escrevemos na presença de todas as línguas do mundo.

Nós as compartilhamos sem as conhecer, nós as convidamos para a língua que usamos. A língua não é mais o espelho de nenhum ser. As línguas são nossas paisagens, que em nós se transformam com o passar do dia.

Opõem-se à padronização, à banalização, à opressão linguística, a serem reduzidas aos sabires universais. Mas também sabemos que não se pode salvar uma língua deixando outras perecerem.

Pois, com cada língua que desaparece, apaga-se para sempre uma parte do imaginário humano: uma parte de selva, de várzea ou de sarjeta desvairada.

O gosto dos pratos de zinco, o sabor da comida. O preço da fome.

O imaginário irradia e se refaz no emaranhado do Todo-Mundo. O entrelaçamento das línguas, por sua vez, faz-se legível para nós por meio da língua que usamos: nosso uso da língua não pode mais ser monolíngue.

Se a língua francesa me tivesse sido proposta ou imposta (bem que tentaram) como a única vivência possível de seu espaço tradicional exclusivo, eu não teria sido capaz de praticá-la nessas circunstâncias. Uma língua é aprimorada quando nos permite que nela rastreemos a nossa linguagem: a poética de nossa relação com as palavras.

No mesmo sentido, uma língua compósita como o *créole* não tem como ser defendida no modo atávico da singularidade ou do isolamento. Atualmente, a singularidade estanque ameaça a trama das línguas, e é a trama do Diverso que as sustenta.

Uma linguagem é, antes de tudo, a frequentação insana do orgânico, daquilo que uma língua tem de específico, e, simultaneamente, sua implacável abertura para a Relação.

(*O refluxo é repetição que constantemente se desfaz.*)

E, é claro, aquilo que não esquecemos estará para sempre no futuro. Esperamos por um ciclone, ano após ano, nessa procissão secamente arquivada de nossas catástrofes. Sabemos que ele chegará, mas por onde e quando? Será novamente por Guadalupe ou por Dominica? Os furacões agigantam-se nas profundezas do Atlântico, rodopiando à medida que avançam, passando entre nós, passando por cima de nós. Quem será atingido desta vez, ó mãe Caribe? Sempre o vento desviante, a floresta desgarrada, o vulcão de vozes golfantes, o tremor que devasta a terra negra com suas rajadas de terra vermelha. Bebemos na fonte dessa demasia e somos fortalecidos por essa violência, sem saber. Essa prontidão nos mantém a salvo das certezas limitantes.

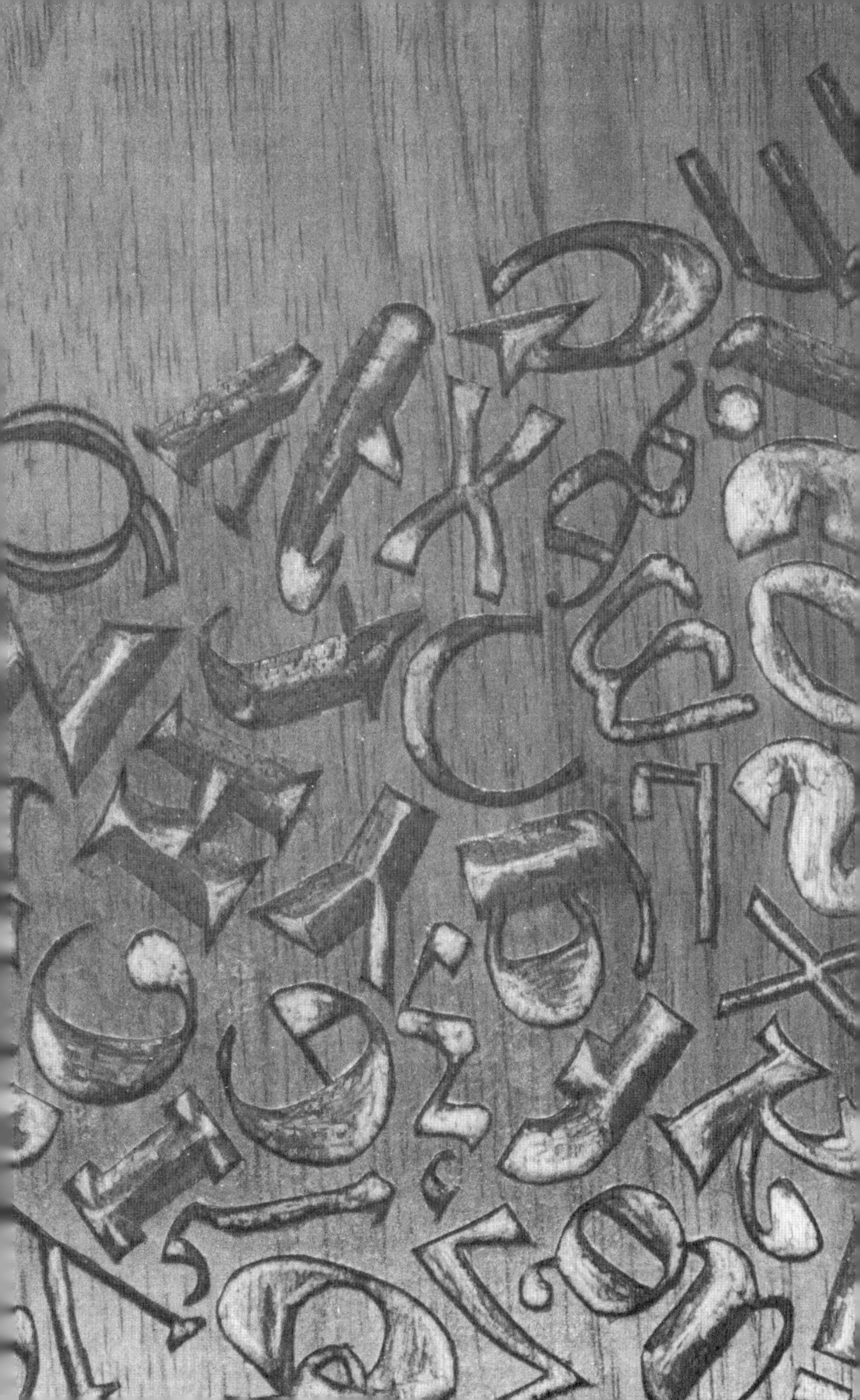

O TEMPO DO OUTRO

Considera-se que a medida surja em resposta a uma busca por profundidade: um dos caminhos na busca pela essência das coisas, uma regulamentação da busca pela Verdade. A escrita das línguas europeias, e da língua francesa em particular, condiz com isso: uma arquitetura no interior da qual, como na nave de um local sagrado, eleva-se o canto em direção a uma presença que não se pode alcançar. Paradoxalmente, essa medida equivale plenamente a uma ordenação, a uma métrica. O arranjo de uma cadência, que é uma regra dada de antemão, suscita e exprime o mistério ou a profundidade. A métrica e a prosódia são obstáculos tutelares.

A medida também é considerada um eco da respiração humana. Já não seria a busca pela profundidade, mas a inspiração da amplitude. Essa medida é o que nos move rumo à plenitude (ou à platitude) do mundo, trazendo-o de volta ao nosso lugarejo.

No princípio do tempo "universal" ocidental

A Idade Média europeia nos fascina, principalmente porque por muito tempo o Ocidente nos impôs modelos, a todos ou a quase todos nós, antes que o movimento das histórias dos povos despertasse em nós outras modalidades de conhecimento. Coexistiram nela a aurora e a noite, e esse momento indefinido, em que todas as coisas pareciam hesitar no limite de sua singularidade, seduz e desconcerta.

Meia-noite e meio-dia. Uma era de colapso que é também um início dos tempos. Propício tanto à vigília lúcida quanto à sesta atormentada.

Somos tentados a compará-la com outras épocas, com o que supomos saber, mesmo que seja muito pouco, sobre as diversas regiões culturais do mundo. Idades tidas como das trevas, períodos de renascimento, eras de classicismo, períodos de mutação e revolução: somos levados a encontrar em outros lugares esse mesmo fluxo das histórias europeias que afetou o mundo inteiro. Acreditamos estar próximos tanto de um mistério quanto de sua solução. Influenciados pela formidável persuasão do tempo linear ocidental, que foi concebido nessa semiobscuridade e que tendemos a considerar como consequência definitiva, chegamos muito perto de assumir as atitudes e formulações de um aprendiz de feiticeiro sempre que tratamos dessa época, convictos de nossa capacidade de sobrevoá-la com facilidade e também, como acontece com as teorias modernas do caos, de apreender seus principais motivos. Ilusões que evidenciamos com uma exibição tolamente pedante de todo o nosso conhecimento, o que certamente despertará apenas desconforto em qualquer especialista da área.

A suposta desordem que a nós parece ter abalado a Idade Média europeia levou-nos, mais do que qualquer outra razão, a aproximá-la de nossa(s) época(s). Os povos e as pessoas dos dias de hoje, que tiveram o privilégio de observar a passagem do tempo e de refletir sobre sua "fusão" em um caldeirão global, talvez sintam que o esfacelamento do nosso mundo será sucedido por outro começo. O mistério e sua solução. Esse tipo de esperança, de inspiração teleológica, é o que torna a Idade Média europeia tão atraente de contemplar.

Antes de mais nada, por conta de sua multiplicidade. Como é o caso, por exemplo, dos vários centros ou polos culturais, dentre os quais é possível agrupar os principais: o centro flamengo e nórdico, onde predomina a tendência ao conhecimento místico; o centro celta, insular e continental, onde os antigos deuses e forças não se cansam de desaparecer e ressurgir; o centro occitano, forja de fecundas heresias; o centro provençal e ítalo-lombardo, que exalta a alegoria e transmite a alegria na representação do mundo; o centro normando e da Île-de-France, que irradia para a Inglaterra (e vice-versa) e onde se consolidaram desde muito cedo essas tentativas de síntese e transcendência que culminariam em suntuosos autocentrismos.

Esses polos se influenciam ou se enfrentam, mas rapidamente descobrem o segredo dos encontros com outras vertentes de pensamento, a antiga (grega ou romana), a hebraica, a árabe, e aceitam aprender com elas. Num primeiro momento, a diversidade não conduziu à autarquia; os fanais de cultura não se isolaram em autossuficiências sectárias, ao menos por ora. Foi somente com a *virada* para a Idade Média, uma vez resolvido o conflito silencioso que animara aquela época (entre o pensamento errante e o pensamento sistemático), que toda essa constelação descambaria para a Unicidade, acompanhando, por um lado, a constituição de nações que, apesar de antagônicas, gradualmente se concebiam em torno do mesmo modelo racionalizante, e, por outro lado, o advento de uma universalidade de credo que rapidamente seria alçada a uma crença no universal.

Duas constantes contribuíram para lançar no cadinho dessa época o turbilhão de opostos que, atraindo-se como ímãs e se repelindo mutuamente, "produziriam o universal". A influência do Oriente Próximo, mais discreta ou tardia que a da Grécia e de Bizâncio, sobre aquilo que se refere à ciência do Ser. A necessidade técnica, que motivou a imensa onda de invenções práticas da Idade Média e que, com as primeiras tentativas de experimentação (como as de Roger Bacon, por exemplo), já prenunciava uma ciência do mundo.

≈

O cadinho, a universalidade de credo e a força que impulsionou essa interação de opostos foi a fé. De tal forma que Gustave Cohen[1] pôde sintetizar isso tudo nos seguintes termos:

> Tudo então passa a ser visto [isto é: *na Idade Média*] sob a óptica do Universal, do Infinito e de Deus, de modo que todo objeto de percepção se apresenta como um reflexo do Cosmos, e nisso reside a principal grandeza dessa época.

Mas há evidência de que essa indistinção entre o Universal, Deus, o Infinito e o Cosmos fosse de fato admissível? Para a Idade Média, Deus "representa" a resposta suprema ao que havia de impossível ou desconhecido em relação ao Infinito e ao Cosmos. No século XI, Santo Anselmo pronunciou o *credo ut intelligam*, que não se distancia muito de um possível "creio porque compreendo" e ainda agrega racionalidade ao *nisi credideritis non intelligetis* de Isaías, já retomado no século IX por John Scotus, também conhecido como Erígena.

[creio para compreender]

[se não crerdes, não compreendereis]

Mas nenhuma fórmula é melhor que a de Santo Anselmo para contrastar a busca dessa racionalidade cristã, que culmina nas *Summis* de Alberto Magno e de São Tomás de Aquino, com as tentações do pensamento do Infinito e do Cosmos, que ao mesmo tempo percorria caminhos mais obscuros, tortuosos e no mais

---

1. Historiador medievalista francês que viveu entre 1879 e 1958. [N. T.]

das vezes proibidos. Por mais que os incrédulos fossem raros, a questão de como obter conhecimento pela via da fé permanecia sem resposta. Em vez dos mistérios luminosos do inteligível, pode ser preferível, por exemplo, a experiência inefável da intuição mística. Ou a compleição áspera do pensamento que se recusa a "compreender" o incognoscível em um sistema de transparências reconfortantes e prefere confrontar o impossível. Não existem ateus, apenas hereges.

Experiências místicas e abordagens eruditas ("sumulistas") aparentam-se na mesma busca por um saber total e, nesse sentido, pode-se dizer que Ramon Llull (do *Livro do amigo e do amado*) não contradiz Tomás de Aquino. Mas o que estava em questão era crucial, em relação ao modo e, em breve, à natureza do conhecimento, e passou a influenciar e orientar todas as culturas que viriam a dominar o mundo. A invenção particular ou extática deu lugar a complexos de racionalização e posteriormente à generalização absoluta do pensamento sistêmico, a Descartes ou Leibniz. *O que o Ocidente exportou para o mundo, e impôs ao mundo, não foram suas heresias, mas seus sistemas de pensamento, seu pensamento sistêmico.* A despeito de sua obstinação em refutar as generalizações do pensamento, o empirismo britânico de Locke e Hume nem por isso deixou de configurar uma generalização de outro tipo, um sistema autônomo, que também contribuiu para conter a inflamada e conturbada agitação da Idade Média.

Duas perspectivas, duas disposições opostas, dois extremos na busca pelo conhecimento: a Idade Média foi o cenário de sua oposição e, quando o pensamento sistêmico prevaleceu, o Universal, primeiro cristão e depois racionalista, se difundiu como obra específica do Ocidente, até mesmo depois de ter se preparado para o que Nietzsche designou como a morte de Deus.

O traço distintivo desse período é o fato de ter sido palco de uma querela tão duradoura, de ter vivido a angústia de uma disputa tão decisiva, de um suspense tão grande que precipitou o ser numa geena, e também o de ter tentado de início propor uma resposta extravagante e totalizante, a um só tempo solar e lunar, a das heresias, que se contrapunha à generalização, às sumas e ao pensamento sistêmico.

≈

O caráter febril e arquejante da fé medieval, bem como suas ingentes atrocidades, compõem esse arranjo, cujos avatares combinavam os imperativos da crença e da obediência, a heresia heroica e a Inquisição, a tolerância e as Cruzadas, o aprendizado com os judeus e os pogroms, a medicina e a filosofia árabes e o racismo antissarraceno, o pré-racionalismo tomista e a sinistra penitência cátara,[2] a turbulência feudal e o anseio pela ordem monárquica, os partidários do papa e os seguidores do imperador, a escolástica e os saberes noturnos.

Selvagem e tenebrosa, ou mística e febril, ou pré-racionalista e oniricamente plácida, dependendo do lugar-comum que em relação a ela tivermos adotado, a fé medieval se mantém como o caminho pelo qual essas culturas, por meio de matanças e extermínios, se propuseram a promover o avanço, ou simplesmente a salvação do indivíduo, na tentativa de conferir-lhe a dignidade de pessoa humana. É por isso que, no âmbito dessa fé, foi conferido um lugar de destaque a Jesus Cristo, que se fez homem, e a Nossa Senhora, que é sua mãe livre de pecado. A individuação é um mistério primordial, e a individuação de Cristo abriu o caminho para a generalidade. Somente ela teria poder para tanto. Se a pessoa inteira, carne, alma e espírito, está presente em Cristo, então o

---

2. Aos cátaros – também chamados de albigenses ou bugres – se atribuía uma recusa peremptória de todos os sacramentos católicos, inclusive o da Penitência, e sua substituição pelo rito da Consolação, que a cada pessoa poderia ser ministrado uma única vez, absolvendo-a de seus pecados e assegurando-lhe o atributo da perfeição, que, se preservado até a morte, garantiria a salvação celestial. Diante do risco da inapelável danação eterna, se voltassem a pecar após o rito, alegava-se que reservavam essa forma de penitência singular para os momentos de suposta iminência da morte e que, após o rito, buscava-se acelerar por quaisquer meios (voluntários ou não) o fim da pessoa expiada. [N. T.]

universal reúne as condições de alçar seu voo. Até hoje, as culturas ocidentais ainda mantêm unidas a generalidade do Universal e a dignidade do ser humano, apesar das tantas atrocidades, opressões e explorações que suas sociedades impuseram ao mundo.

Além do tema da Encarnação, outra das questões que atormentavam os pensadores do período medieval carolíngio, como por exemplo Alcuíno ou Erígena,[3] girava em torno das impossibilidades da Ressurreição e era formulada nos seguintes termos: como a alma se separa do corpo? Em outras palavras: como os corpos "se tornam" espírito?

Cabe lembrar que, em pleno século XVII, Descartes ainda propunha que a única maneira de resolver o problema da relação entre corpo e espírito era por meio da hipótese dos espíritos animais.

Esses mesmos tormentos, com suas múltiplas expressões, agitavam o pensamento da Idade Média. Como poderia a animalidade, causa que fora da Queda do Homem, transcender em Amor – em amor cortês? Como poderia o indivíduo conter ou condensar em suas imperfeições a dimensão absoluta da pessoa? Seria a pergunta feita por Pascal séculos mais tarde. Acaso não seria imperativo que autoridades temporais conflitantes se submetessem a uma autoridade espiritual única? Como poderia a matéria, tão bruta em suas imperfeições, gerar o receptáculo de pureza da Pedra Filosofal? E, para concluir – esta será a questão crucial da época de Montaigne –, como poderia a diversidade ser elevada à universalidade? Mas sabemos que Montaigne, chegado o seu tempo, mostrou-se cético acerca de uma solução universal.

Um tormento dialético que impõe seu movimento em todos os níveis, desde o metafísico até o técnico. Transmutai os pesos discordantes do mármore e da pedra no momento angular e no arrojo convergentes da abóbada, e tereis catedrais.

3. Alcuíno de York (735-804), clérigo, matemático, poeta, calígrafo e pedagogo, foi conselheiro na corte de Carlos Magno e uma das figuras seminais no período que passou a ser chamado de Renascimento Carolíngio. João Escoto Erígena (810-877), tradutor, filósofo e teólogo na corte de Carlos II de França. [N. T.]

Invocai a Palavra Única no silêncio, que é a anulação da diversidade de vozes, e tereis o claustro. Muitas invenções técnicas foram motivadas ou secretamente guiadas por essa necessidade de invocar a Unicidade, por mais que não se tratasse ainda de um requisito científico. O relógio é a recusa das disparidades do tempo solar e lunar e o apelo à universalidade de um tempo absoluto. A polifonia é a resolução unitária e perfeita das diversidades do som e da voz, insuficientes por si sós em suas respectivas especificidades. O espaço do mundo, o tempo do mundo e o ruído do mundo haverão de ser transcendidos em uma perfeição inteligível.

As experiências místicas e as sumas racionalizantes são idênticas em sua natureza. As Sumas, por um lado, prometem acesso a uma totalidade serena, em que os mistérios são aceitos com a plena aquiescência do indivíduo. Não é de admirar que os princípios do *Organon* de Aristóteles desde o início nos tenham induzido a trilhar esse caminho. As experiências místicas, por sua vez, lançam o indivíduo não nos abismos herméticos do singular, e sim no êxtase de um superentendimento do Todo. Somente as heresias são capazes de preservar impetuosamente o clamor das especificidades, o acúmulo das diversidades irredutíveis e, em última instância, a convicção de não querer primeiro "compreender" o desconhecido para só então chegar ao ponto de generalizá-lo em fórmulas e sistemas. Mas elas haverão de ser erradicadas.

O que é de admirar é o fato de o poeta Marcabru ter em sua época conclamado toda a gente das terras francesas a dar seu consentimento ao *afar Deu*: à "coisa de Deus", referindo-se talvez [*Chose-dieu*] à matéria divina, ou então ao trato com Deus, ou ainda à questão [*affaire de Dieu*] [*Affaire-dieu*] da divindade.[4]

---

4. Marcabru (década de 1110-década de 1150), pseudônimo adotado pelo *troubadour* gascão conhecido também como Pan-perdut, foi um dos primeiros poetas da língua occitana cujos textos sobreviveram até os dias atuais. [N. T.]

O caráter polissêmico de uma expressão como essa, de uma figura como essa, sugere que se trata, efetivamente, de um expediente sacro, de um recurso consagrado, para "compreender" a si mesmo como essência e como projeto. Deus é o generalista onipotente, o vetor de um poder humano, demasiadamente humano, que não tardará a ensejar a concepção do Universal.

A indagação que eu formularia em relação à Idade Média europeia não seria, portanto, a da oposição entre Razão e Fé, já que ambas almejavam esse Universal e lograram tê-lo ao seu alcance, quer dizer, no sentido de não ter sido "realizado", mas imposto. Minha questão seria a seguinte: por que, nessa busca pelo conhecimento, os caminhos do que não é generalizante, do que é esotérico, por exemplo (cujo percurso é sempre marcado pelo signo da ambiguidade e da imprevisibilidade), do que é místico ou, em todo caso, do que é herético foram aos poucos cedendo lugar ao esforço de generalização totalitária? Por que a racionalidade do Universal se tornou a prerrogativa privilegiada e semiexclusiva desse conjunto de culturas que chamamos de Ocidente?

Meus pensamentos vagueiam pelo espaço e pelo tempo, pelos rios ostensivamente silenciosos da China, que se esparramam em arquipélagos e transbordam para a terra, engolindo de uma só vez dezenas de milhares de homens, mulheres e crianças em cada uma de suas inundações rituais, pelos Calendários Celestiais que presidiam os destinos do Império, e pelos esconderijos nas matas e pela Corrente dos Ancestrais dos países africanos, pelas savanas cheias de energia sob seus relvados toldados de calor e pelas histórias dos griôs imbuídas de uma sabedoria que se ergue do chão como uma árvore frondosa, pelos detalhes delicados das mitologias da Índia com seus mármores verdes e suas ginásticas de acasalamento, pelos templos saqueados dos picos andinos e pelas palavras sequestradas dos mitos ameríndios, pelas crônicas dos cem reinos da era feudal no Japão, pelos provérbios concisos das terras malgaxes e oceânicas e caribenhas e do arquipélago do

Índico, pelos esplendores do deserto e da retórica pré-islâmica, e pelos drapejados de suas poetisas, meio escravas e meio deusas, pelo barroco austero e meigo das línguas crioulas, e por tantos florilégios (floridos) declamados em tantas ilhas, e pelas raízes de pedra que arvoram os deuses cujo olhar tudo penetra, nas gargantas embargadas pela água na Península da Indochina e na ondulação e no refluxo de tantos mares que os povos aram em círculos (não por essa funesta projeção em direção a novas terras a serem conquistadas), eu volto a trilhar as encostas dos desertos, que ainda estão aqui e lá e que são realmente universais, e os silêncios das serras, eu estremeço com os terremotos e o olho do ciclone me vigia, e tantas guerras devastaram tantos lugares que já não há sonho ou devaneio em que seja possível se recolher, e tantas epidemias insondáveis carcomeram o pensamento do mundo como um cacau já passado e apodrecido, cumpri os doze itinerários do *Livro dos mortos* do Egito, e a imensa mesmice das cidades crepita à beira dos Arquipélagos, arrastando seus mangues de misérias e ruídos subitamente desenterrados, por toda parte admiro as tantas invenções e técnicas urdidas na humilde pressa artesanal de cada dia, grito não sei quantos poemas e tento decifrar não sei quantas profundezas, mas em nenhum lugar, no pouco que conheço e em nada do que imagino deste mundo, vislumbro o estigma ardente dessa vontade obstinada que desemboca no Universal, que teve a Idade Média como arena, como palco e como a penosa e triunfante consumação.

~

De nada adianta afirmar que a Razão nasceu entre os gregos e que o período medieval redescobriu pouco a pouco e depois ampliou seus princípios, que seriam aperfeiçoados nos séculos seguintes. A Razão poderia ter se desenvolvido à margem da generalização. Dentre todas as civilizações, somente a ocidental tinha essa propensão para a expansão generalizada, para a conquista, para o conhecimento e para a fé indivisíveis, exigindo o Universal como garantia de legitimidade. A Idade Média europeia vivenciou de modo tumultuado a luta entre o Diverso e o seu inverso vinculante, entre as crenças particulares e a crença universal, e, lutando contra si mesma, deixou escapar (é esse o seu sofrimento e a sua vitória, e é isso que a torna tão fascinante) o fio da diversidade ilegítima, a audácia do conhecimento fragmentado, não total nem sistemático, mas igualmente totalizante e fugidio.

Numa época em que escrever era privilégio de poucos, escolhidos em meio a povos escolhidos, o escritor era livre para se desviar do mundo ou da ideia que se tinha dele. Mas é verdade que, hoje, a própria essência de sua obra é dilatada por aquilo que a constitui: o emaranhado em que se encontram as humanidades e as coisas e vegetações, rochas e nuvens do nosso universo. Solidário e solitário, ele participa do debate a partir do seio da obra. É por isso que se tenta em tantos lugares silenciar os escritores. Negar-lhes a palavra (para todos os críticos ferrenhos do que existe) é assegurar que a sombra se aprofunde na própria escuridão desse emaranhado.

Retóricas de fim de século

A divisão do tempo linear ocidental em séculos não deixa de ser pertinente. Ela faz parte do inconsciente dos povos desta parte do mundo, passou a integrar nossa sensibilidade comum, tornou-se amplamente aceita e imprimiu um ritmo próprio. Ela está no cerne da História. É até mesmo capaz de engolir, de digerir talvez, as intrusões das histórias dos outros povos, de inseri-las à força em sua linearidade. Há apenas vantagens em acatar essa linearidade do tempo, seja ela estipulada a partir do nascimento de Jesus Cristo, do início da Hégira ou da primeira Páscoa judaica.

Mas, por outro lado, recusar ou questionar essa divisão em séculos significa também contestar, talvez sem realmente saber ou querer, a generalização universalizante do tempo judaico-cristão. E é esse o papel dos pensamentos divergentes, dos poetas loucos e dos relativistas heréticos.

Na verdade, se há um sentimento de desrealização na Europa de hoje, no momento em que ela busca se tornar realidade, isso não se deve às já bem conhecidas tribulações típicas de um final de século, mas à enorme multiplicidade em que a História vem se desdobrando e à sensação de perda de força dessa História, ou de perda de poder sobre ela, vivida por aqueles que a conceberam como uma origem que se projetava rumo a um fim.

Era isso que estava em jogo nos sistemas de relação, tão barrocos e caprichosos, que há não muito tempo foram estabelecidos pelos pensadores europeus, entre uma diacronia postulada como um movimento neutro (uma História sem carne) e uma sincronia ali inserida como um tempo sem objeto. Esses sistemas, que engendraram retóricas correspondentes, não eram decorrência de nenhum medo milenar, e sim, muito sutilmente, de uma consciência da nova pluralidade do mundo e da nostalgia por não mais serem capazes de comandá-lo, por não mais ditarem a História. Essas retóricas representam o engenhoso nó ou o irrefreável garrote que o pensamento ocidental (naquilo que tem de mais incisivo a oferecer) atou em torno do pescoço da História.

É isso que eles fazem. Relativizar a História, sem contudo acolher as histórias dos outros povos.

Se o final do século (e o final deste século) se mostra significativo, é porque, a um só tempo, por assim dizer, ele reteve sua função de pêndulo da linearidade temporal enquanto, por outro lado, já envolto na multiplicidade de tempos e histórias que surgiram das profundezas do mundo e que finalmente começaram a confluir, ele agora já não sinaliza com a mesma certeza de outrora.

≈

> Cantávamos também o que diziam ser o iminente fim do século; e, embora jamais tivéssemos sabido século de quê nem em relação a quê, sentíamos que se tratava de uma batelada de tempo, um número incalculável de colheitas: esse fim nos envolvia com uma tristeza estufada com sabe-se lá quantas caldeiradas de alegria, de palpitação por um além do fim. Cantávamos:

> *La fin du siècle c'est la fin la misère*
> *Le siècle et nous on est déshabillés*
> *Un siècle est mort et est porté en terre*
> *Nègre est un siècle et bien dénaturé.*

O fim do século é fim da privação
Século e gente terminam pelados
Século morto se enterra no chão
Negro, teu século é desnaturado.

Era nossa maneira de marcar o tempo. Adoline também parecia chegar ao fim. Mais que um século que caía em decadência, ela era um século que se recobria com sua própria vegetação caída. Ela caía, feito o verde do país sob a pressão das queimadas e dos arranca-tocos. O país se iluminava, como uma choça que ao meio-dia deixa a flor rompante do sol brotar por entre suas divisórias de ripas. Estávamos passando da civilização da selva para a civilização da savana: pelo menos é o que teríamos dito se tivéssemos conseguido dispor de um pouco mais de terra por um pouco mais de tempo...

La Case du commandeur[1]

≈

Diante disso e tendo considerado que, nessas terras em que os abismos do tempo e as vertigens da memória coletiva dão à luz tantos gritos, o ritmo de nossas palavras talvez siga as linhas de uma desordem secretamente estabelecida, optei por resumir aqui alguns aspectos de nossas retóricas da oralidade, na forma provocativa do memorando, o ápice da escrita.

Retóricas da oralidade, ou não
(Resumo)

Introdução: O que a oralidade não é

É difícil fundar ou difundir uma retórica, uma arte do discurso e da fala nos dias de hoje, em que a escrita é provocada e atormentada por paixões da dimensão oral que são tão nítidas quanto túrbidas.

Não se trata meramente de uma passagem da palavra escrita para a palavra falada, como dizem algumas pessoas. Tampouco é uma questão de saber se estamos substituindo textos concebidos para a contemplação ou a meditação (de certa forma, para a "voz interior") por textos de outro tipo, elaborados para a declamação e a audição.

---

1. Ver nota 1, página 64. [N. T.]

Quando examinamos as histórias das ciências humanas, vemos que por toda parte ocorreu a transição do oral para o escrito, ou, em outras palavras, onde a escrita surgiu primeiro como progresso e depois como transcendência. Os livros fundadores são brandidos como marcos fronteiriços neste país mestiço,[2] onde as vozes gradualmente se fixaram em objetos concretos, tábuas, pedras, monumentos e pergaminhos. A *Ilíada* e o *Antigo testamento*, por exemplo, resumem a trajetória das tradições orais pregressas e também as fixam, obrigando o intérprete a recuperá-las com esse formato deliberado.

Resta tentar prever, ao arrepio das incertezas, se essa transcendência em que a escrita se estabeleceu será questionada futuramente. As línguas e as práticas da oralidade ressurgiram no cenário literário e começaram a influenciar nossas sensibilidades, com uma energia e uma presença fulgurantes. Temos muito que refletir, não para que possamos operar essa nova transição, que levaria do escrito ao oral, mas para que possamos gerar poéticas renovadas, em que o oral seja preservado no escrito, e vice-versa, e em que floresça o intercâmbio entre as línguas faladas do mundo.

Essas novas poéticas não se confundem com a antiga arte do teatro nem com as artimanhas da escrita "falada". A escrita teatral e a "linguagem falada" dos romances são artifícios literários que não questionam a natureza nem o estatuto da palavra escrita.

Tampouco devemos aceitar os efeitos midiáticos do audiovisual e da imprensa escrita, que empregam expedientes técnicos – *flash*, *script*, roteiro, recorte – com a pretensão de dar conta da realidade em um atalho que quase sempre é elementar. Não há

---

2. No original, *pays-mêlé*. Expressão imbuída de uma carga identitária que é assumida tanto por martinicanos quanto por guadalupenses, Pays Mêlé é também o nome dado a uma localidade na comuna martinicana de Le Lamentin, além de ser o título do conto que dá nome a uma coletânea da consagrada escritora guadalupense Maryse Condé (*Pays mêlé*. Paris: Hatier, 1985). [N. T.]

oralidade nisso. O que existe ali são apenas textos sintéticos, preparados para gravação ou produção. A escrita só é fecundamente breve quando frequenta ou beira o silêncio, sem contudo se anular nele. Do ponto de vista de uma retórica da palavra escrita, a brevidade do audiovisual é sempre uma tagarelice.

Isso também é fazer uso de uma artimanha com a realidade: pretendem surpreendê-la em sua essência ou descrevê-la em sua totalidade, mas o que fazem é cuidadosamente selecionar, recortar e ajustar, a partir de toda a massa que a constitui, aquilo que ilustrarão e apresentarão como permanente ou definitivo. Se a "representação" do real é a lei do audiovisual, a mimese nesse caso é falaciosa: ela opera em uma atualidade que é sempre fugaz. Isso nos ajuda a enxergar que a imitação do real, um dos fundamentos da escrita nas culturas ocidentais, exige um reexame.

E se a "duplicação" do real está no cerne dos universos digitais, precisamos saber ou intuir o que essa replicação oferece em termos de variações, para além de uma clonagem elementar que seria desprovida de ecos.

A oralidade, essa obsessão dos povos que se tornaram visíveis para o mundo no século xx, e contanto que adentre o mundo da escrita, manifesta-se primordialmente por meio das profícuas querelas que nele instaura: pluralidade, circularidade, reiteração, acumulação e irreligião. Relação, enfim.

Ele elude os sistemas retóricos tradicionais que sempre sustentaram uma linearidade ou unicidade do tempo e da língua.

1. **Multiplicidade, circularidade**

As histórias (surgidas) dos povos agora visíveis dissipam a harmonia linear do tempo.

Não me parece provável que, na totalidade-mundo, a linearidade temporal consagrada pela expansão das culturas ocidentais seja mantida como regra universal. Muito menos no plano do imaginário.

Nessa circunstância, nem o "século" nem seu fim retêm qualquer valor normativo.

Somos capazes de conceber povos contemporâneos que vivenciam temporalidades diversas e mantêm a interação com outras presenças do Caos-Mundo. E que, por isso mesmo, expressam "fins" divergentes em relação à norma temporal aceita por todos.

Nesse sentido, e na nossa época, cada ano, cada dia, cada minuto pode ser um século ou o fim de um século. E cada indivíduo também. O ditado caribenho expressa bem isso: "Um negro é um século". Nem tanto porque perdure, tampouco porque seja paciente o seu rancor, mas porque é insondável e nunca se sabe até onde irá.

As retóricas tradicionais seguem sendo unilíngues e unilaterais.

Elas não são concebidas para abarcar as difrações do nosso tempo, nem as lacunas e nem os vertiginosos encantos de qualquer língua em específico. São concebidas em função de um único idioma, que delimitou seus períodos na linearidade que descrevemos (antes e depois de Jesus Cristo). Mas, ó Rabelais, ó Joyce, ó Pound, ó delirantes enredamentos!

A pluralidade não hierárquica das línguas inevitavelmente origina novas línguas.

Os fenômenos de crioulização em ação no nosso mundo dizem respeito não só à diversidade das temporalidades vividas por comunidades em contato ou não, mas também ao intercâmbio das línguas escritas e faladas. Além dessas línguas, o imaginário (ou imaginários) das humanidades poderia inspirar linguagens, ou arquipélagos de linguagens, que corresponderiam à infinita variação de nossos relacionamentos. Se a língua é o cadinho da minha unidade, em constante ebulição, a linguagem seria o campo aberto da minha Relação. Transretóricas cujos usos ainda não nos são conhecidos.

Fim de século ou fim da História?

Será que o século XX realmente terá fim? Em vez disso, não seria o caso de considerar que aquilo que está inapelavelmente se encerrando para nós é a História, ou melhor, as filosofias da História, que teceram uma linearidade normativa ao mesmo tempo em que definiram uma finalidade exclusiva para si mesmas em meio ao tormento das temporalidades humanas?

A trans-história continua a se expandir.

≈

II. Acumulação e irreligião

A oralidade além da transcendência.

A transcendência da escrita em relação à oralidade, especialmente nas culturas ocidentais, apoia-se na ambiguidade da palavra *Verbo*, que a rigor não permite saber se faz referência apenas à Palavra de Deus ou também à forma escrita assumida por sua Lei. Qualquer transcendência da escrita decorre do caráter absoluto da Revelação. De um primeiro Ditado, tão determinante quanto o Gênesis.

As obras da oralidade, ainda mais quando esta é compósita e não atávica, estão enraizadas na Relação. Para nós, é bem possível que o Sagrado derive dessa Relação, e não de uma Revelação ou de uma Lei.

Poéticas do oral-escrito.

Elas não constituem sistemas retóricos. Poderíamos examinar seus elementos, sem que seja necessário compendiá-los:
Uma poética da duração, que não "esmiúça" as temporalidades.
O empilhamento e a acumulação, que levam a palavra a sair da linha.
O retorno e a repetição, que não trapaceiam com o significado.
Os ritmos da assonância, que tecem a memória do entorno.
O obscuro, que é o eco do Caos-Mundo.

III. Poética da Relação, poéticas do caos

Retórica e identidade.

Repitamos, por nossa vez, que o que estamos discutindo aqui está ligado à concepção que cada pessoa tem de sua identidade.

O Ser-Raiz é exclusivo, e não participa das variações infinitas e imprevisíveis do Caos-Mundo, por onde só circula o Ente-como--Relação.

As retóricas tradicionais poderiam ser compreendidas como o esplêndido esforço do Ser-Raiz para se confirmar como Ser.

A Relação, imprevisível que é, não admite a retórica.

Enquanto a escrita se preocupava com a transcendência e tentava ilustrar o Ser, a oral-escrita-oral dilata a abertura e trilha o candente improviso do mundo, que é a única forma de sua permanência.

O Caos-Mundo, imprevisível que é, potencializa as retóricas.

Nesse contexto, só será possível formular um *sistema* com a condição de que "compreenda" todas as retóricas concebíveis, bem como todas as formas possíveis de uma transretórica não universalizante.

As palavras do Caos-Mundo não implicam nenhuma generalidade normativa.
O brilho fulgurante irradia sem limites.

E eis que, de repente, arões desvairados, régias e rubras bromélias, reis dos reis, flores esculpidas e inodoras enlevam o bosque de Balata com a sua escrita: a silenciosa difusão de seus incensos ardentes.[3]

3. A cerca de 10 km do centro de Fort-de-France se situa o Jardin de Balata, ocupando uma antiga área agrícola recomposta com exuberante cobertura vegetal e convertida em um jardim botânico privado, aberto ao público em 1986. A balata do seu nome é a seiva da balateira, árvore também conhecida como maçaranduba, compondo, junto com a borracha e o caucho, as três variedades predominantes de látex natural. [N. T.]

Para a arte barroca, o conhecimento é obtido a partir da ampliação, da acumulação, da proliferação e da repetição, e não primordialmente graças às profundezas e à revelação fulgurante. O barroco é da ordem (ou da desordem) da oralidade. Nas Américas, isso vai ao encontro da beleza sempre recorrente da mestiçagem e da crioulização, que faz com que os anjos sejam indígenas, a Virgem Maria seja negra e as catedrais sejam como vegetações de pedra, e isso ecoa as palavras do contador de histórias, que também se alastram pela noite tropical, se acumulam e se repetem. O contador de histórias é crioulo ou quíchua, navajo ou cajun. Nas Américas, o barroco é naturalizado.

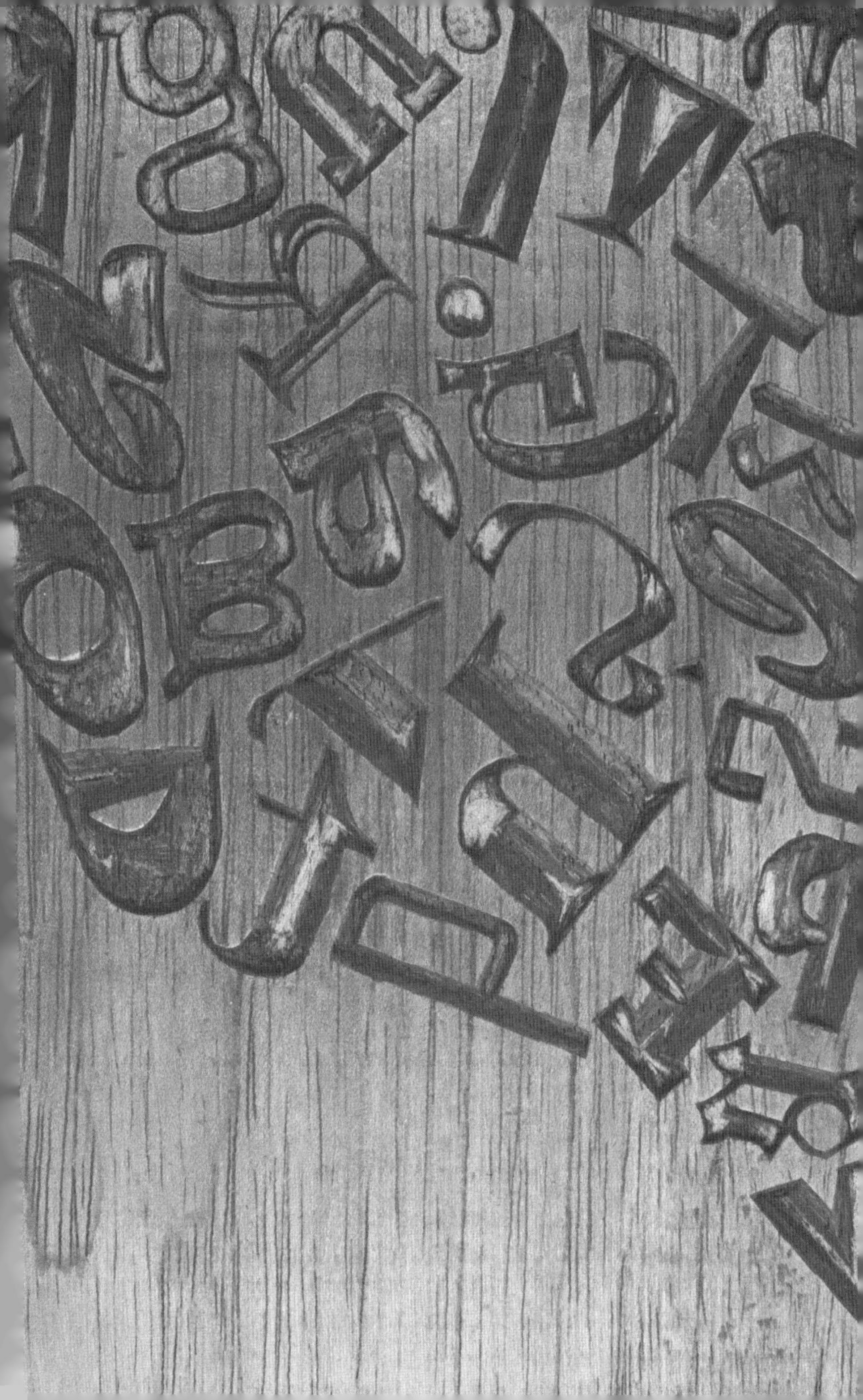

ESCREVER

Escrever é dizer: o mundo.

O mundo como totalidade, tão perigosamente próximo do totalitarismo. Nenhuma ciência é capaz de nos dar uma visão verdadeiramente global do mundo, de nos permitir apreciar sua prodigiosa mestiçagem, de nos mostrar como estar nele nos transforma. A escrita, que nos conduz a intuições imprevisíveis, permite-nos descobrir as constantes ocultas da diversidade do mundo e, felizmente, percebemos que essas invariantes nos interpelam à sua maneira.

Esse dizer da escrita, que assim nos faz chegar mais perto desse aprendizado, faz também com que possamos perceber por que o que nos transporta é o mundo como totalidade, e não uma parte exclusiva do mundo, seleta ou privilegiada.

Descobrimos que o lugar onde vivemos, de onde falamos, não pode mais ser abstraído dessa massa de energia que de longe nos interpela. Se não nos sintonizarmos com aquilo que, na totalidade do mundo, tão totalmente se mobiliza para nós, jamais conseguiremos compreender seu movimento, suas infinitas variações, seus sofrimentos e seus prazeres. Quanto à "parte exclusiva" que porventura nos coubesse, jamais conseguiríamos expressar sua exclusividade se a transformássemos em exclusão. Se assim fosse, conceberíamos uma totalidade que realmente beiraria o totalitário. Em vez disso, porém, estabelecemos a Relação.

E não por uma abstração, por uma idealização de todas as coisas, que nos fizesse encontrar em nosso lugar particular o reflexo de um universal benevolente e profícuo. Isso também já descartamos. A pretensão de abstrair um universal a partir de um particular já não nos convence. É a matéria específica inerente

a todos os lugares, seu detalhamento minucioso ou infinito e o conjunto estimulante de suas particularidades, são esses os elementos que devem estar em conivência com os de todos os lugares. Escrever é agregar o sabor do mundo.
Para isso, a ideia de mundo não basta. Uma literatura da ideia de mundo pode ser habilidosa, inventiva, dar a impressão de ter "visto" a totalidade (como, por exemplo, no caso daquilo que em inglês é chamado de *World Literature*), mas ela pontificará em não lugares, sem jamais ir além de uma engenhosa desestruturação e de uma recomposição apressada. A ideia de mundo se habilita a partir do imaginário do mundo, das poéticas entrelaçadas que me permitem adivinhar como meu lugar se relaciona com outros, como, sem se mover, ele se aventura por outros lugares, e como ele me leva junto nesse movimento inerte.

≈

Escrever é dizer, literalmente.

As fulgurações da palavra falada são os manifestos de tantos povos que de repente acorreram a cantar suas línguas, antes que elas eventualmente desaparecessem, exauridas e extintas pelos sabires internacionais. É o princípio da aventura para todas essas línguas da oralidade, outrora desprezadas, outrora dominadas. Fixações, transcrições e as respectivas armadilhas a serem evitadas; mas também a inscrição dessas línguas em uma formação social que talvez tenha uma tendência, ou seja forçada, a utilizar aquilo que é chamado de língua principal de comunicação, de língua dominante. A diversidade do mundo depende das línguas do mundo.

O esplendor das literaturas orais veio, assim, não para substituir a palavra escrita, mas para mudar sua ordem. Escrever é, efetivamente, dizer: espalhar-se pelo mundo sem se dispersar nem nele se diluir, e sem receio de nele exercer os poderes da oralidade que tão bem se adaptam à diversidade de todas as coisas: a repetição, a reiteração, a fala circular, o grito em espiral, as quebras na entonação.

Neste novo estágio da literatura, a antiga e tão profícua divisão em gêneros literários talvez não seja mais lei. O que é o romance e o que é o poema? Não acreditamos mais que a narrativa seja a forma natural de escrita. A história que se costumava contar e controlar era inerente à História que se costumava escrever e reger. Para os povos do Ocidente, a História era o lastro da história, e a história era a legítima irradiação da História. O prestígio desse vínculo solidário ainda se preserva na moda dos romances de época na Europa e nas Américas. Somos tentados por outras segmentações. O esfacelamento da totalidade-mundo e o acelerado desenvolvimento das técnicas audiovisuais e computacionais abriram o campo para uma variedade infinita de gêneros possíveis, dos quais sequer temos ideia. Enquanto isso, as poéticas do mundo continuam impetuosamente a mesclar gêneros, reinventando-os no processo. O resultado é que nossa memória coletiva assume um caráter profético: ao mesmo tempo em que coleta o que é fornecido pelo mundo, ela se esforça para dele subtrair aquilo que tendia à hierarquia, ao escalonamento de valores, a uma transparência falsamente universal. Hoje sabemos que não existe nenhum modelo operacional.

≈

O poeta, além dessa língua que emprega, mas misteriosamente no seio dessa mesma língua, no nível dessa língua e dentro de seus limites, é um construtor de linguagem. As astutas e mecanizadas combinações de línguas poderão em breve até parecer obsoletas, mas não o trabalho que se desenvolve no fundo da linguagem. O poeta se esforça para enrizomizar seu lugar na totalidade, para difundir a totalidade em seu lugar: a permanência no instante e vice-versa, o além no aqui e vice-versa. Esse é o pouco de adivinhação de que ele pode se valer, diante das incúrias inscritas em nossa realidade. Ele não entra no jogo do universal, que não seria a forma de estabelecer a Relação. Desde a primeira palavra de seu poema, ele nunca deixa de assumir: "Eu te falo na tua língua, e é na minha linguagem que eu te escuto".

Cidades, grandes centros de nada! Os verdadeiros lugares do Tudo! Vocês dissiparam seus *xamaniers* e seus *arapes*? O cair da tarde, aquilo que lhe restou de nuvens, passou por sobre as acácias. Agora é tarde, já não restou a vocês nenhuma fileira para arar. Os seus *daciers* travam uma batalha contra os seus majores reunidos. Suas fumaradas ganham forma em alfarrobas que arrefecem. O tumulto se agravou nas nos cerros das suas *salènes*. Vocês misturam palavras, línguas e ecos com a lama petrificada das *huques*.[1] Vocês as recriam. É uma linguagem que se infiltra na sebosidade das suas calçadas; nós a entendemos, nós a falamos. Vocês permanecem ali sobrecarregados com o peso de tantas respirações. Sem sequer perceber que estamos pilando a sua espelta em cima das suas roseiras.

---

1. Os neologismos arrolados pelo autor são elucidados no final do livro, na seção "Algumas palavras novas", p. 224. [N. T.]

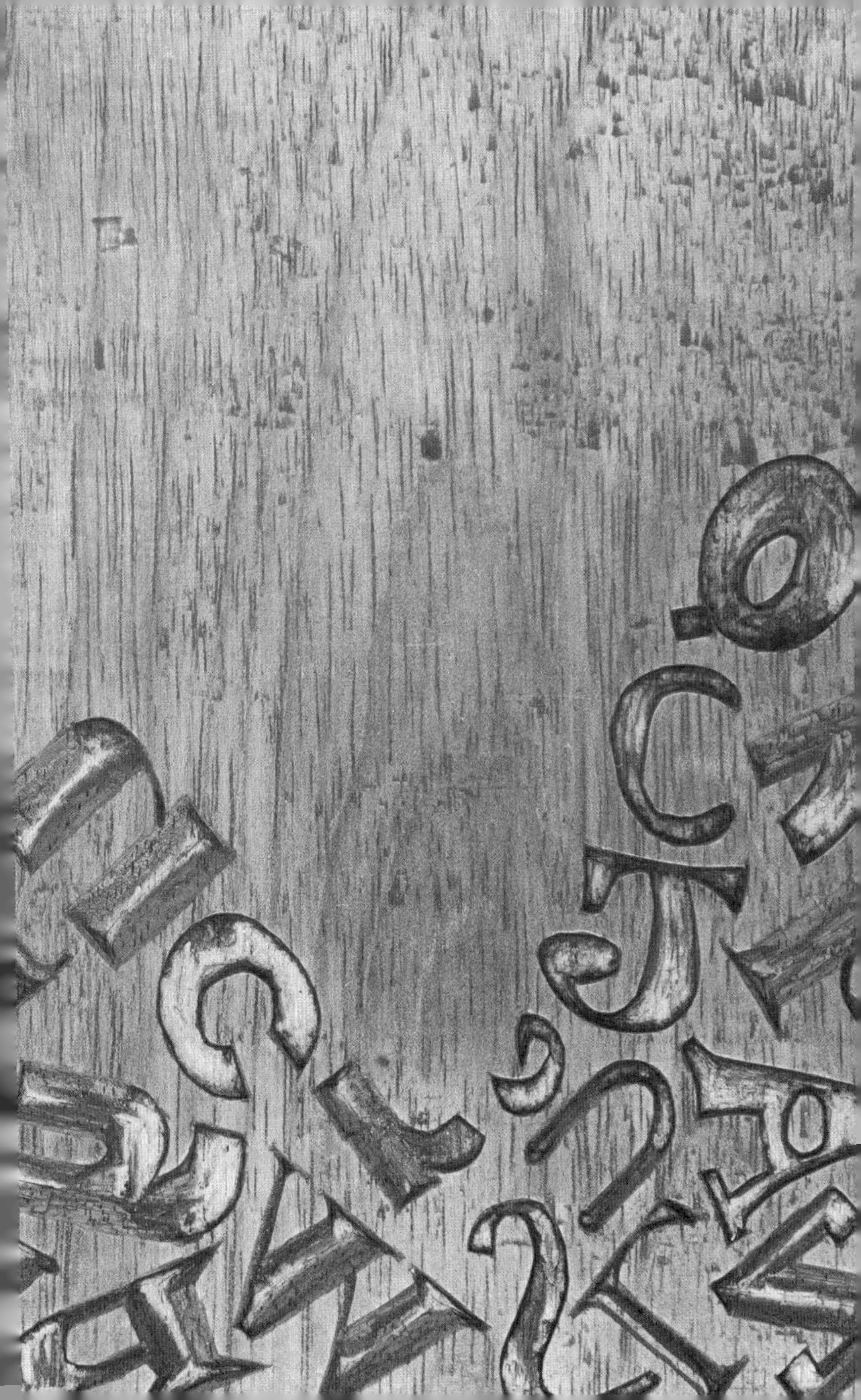

O QUE O NÓS ERA, O QUE O NÓS É

...As chamas dos lírios selvagens, as reluzentes touceiras de aves-do-paraíso,[1] as sonolentas casas rubras que velam sobre brejos cravejados de rosas-de-porcelana,[2] e tudo o que a totalidade-mundo congloba de risos e desgraças em uma só favela, e depois as areias – o Brasil – escorrendo em cascata por entre as encostas dos rios serpejantes, e o evoé dos coros da África entremeados com a flauta indígena, de onde não tardará a brotar a bossa-nova, e o latido das fábricas que vem lamber os mosaicos das calçadas, todas essas imagens consoantes que sobejam, e os pavões amazônicos que no entrevamento de seus halos engolem as famílias da floresta,[3] e o odor acre dos cocos e das laranjas amargas...

---

[1]. *Strelitzia reginae*, também chamada de estrelícia. [N. T.]
[2]. *Etlingera elatior*, também conhecida como bastão-de-imperador. [N. T.]
[3]. *Cephalopterus ornatus*, também chamado de anambé-preto, pavão-do-mato ou pavão-preto. [N. T.]

Retração e desdobramento

> E por toda a sua vida você descerá essas escadas
>
> MICHEL LEIRIS, *Aurora*

A minúcia do olhar de Michel Leiris não consubstancia uma visão fragmentada da realidade, mas o leva a compilar detalhes (ou episódios) que acabam por constituir uma trama. Essa minúcia era um traço da sua natureza. Introspectivo, cauteloso e possivelmente acometido pela timidez, esforçava-se por dedicar aos outros e ao mundo uma atenção desprovida de afetação ou complacência. Lia a realidade com deliberado furor ou deleite, por receio de sua própria distração ou de seu egoísmo. E tudo o que lia dessa forma, ponderava com o que ouvia a seu respeito, à procura de correlação entre o outro e o próprio. Regressava ao indivíduo Michel Leiris, mas por modéstia, por medo de gerar ou parecer querer impor verdades estabelecidas ou definitivas.

A realidade é uma totalidade incessantemente tecida. A paixão de Michel Leiris residia em decifrar essa trama e lhe conferir um equivalente poético, mas não para qualquer um: a cada canto em que tivesse a chance de se descobrir a si próprio, em cada lugar em que se visse envolvido com o Outro, por meio de cada palavra que pusesse em jogo essa relação.

≈

Já num dos seus primeiros livros, *Aurora* ("Não tinha nem trinta anos quando escrevi Aurora..."), Leiris refere-se a esse vaivém, frisando, como exemplo, o seguinte:

A morte do mundo equivale à morte de mim mesmo, nenhum adepto da seita da desgraça me fará negar essa equação, a única verdade que ousa pleitear a minha anuência, muito embora eu intua às vezes, contraditoriamente, tudo aquilo que a palavra ELE pode reservar para mim [*il*] · em matéria de castigos vagos e ameaças monstruosas (p. 40).[1]

A realidade é um corpo cheio de meandros, e a vida pulsa em cada canto. A realidade e a vida formam uma dobra. Considerá-las conjuntamente implica construir uma retórica, por meio de um lento processo de desdobramento, no intuito de esclarecer mais do que convencer, de se persuadir a si mesmo em vez de confundir o leitor, esse mudo confidente, debaixo de um caudal de razões.

A mesma prática rege a observação, ou a visão, em *A África fantasma*.[2] Mesmo que o título do livro apresente um pressuposto (é Leiris o fantasma que por lá sai em vão à procura de si mesmo), a matéria que o preenche não se perde em suposições teóricas. Observador rigoroso, que em seus apontamentos exige de si próprio o máximo de objetividade formal, Leiris nem por isso deixa de colocar ocasionalmente em prática a persistente relação entre subjetividade e realidade que viria a alicerçar a obra de sua vida.

A objetividade escrupulosa que constitui a regra do ofício. A subjetividade que integra o pensamento etnográfico. A relação com o outro (ou, pelo menos, a atormentada busca por ele) que é decorrência da modéstia. O desejo de não culminar numa teoria generalizante.

Acrescentemos o suspense, essa maneira de guardar a lição das coisas para mais tarde, mas que depois recupera o pormenor ou o episódio de outrora, desenvolvendo-o imperceptivelmente. A trama. O suspense se tornou um dos trunfos utilizados por

---

1. Todas as citações se referem à reedição de *Aurora* na coleção L'Imaginaire (Paris: Gallimard, 1977 [1946]).
2. Michel Leiris, *L'Afrique fantôme*. Paris: Gallimard, 1934. [Ed. bras. *A África fantasma*, trad. André Pinto Pacheco. São Paulo: Cosac Naify, 2007.] [N. T.]

Leiris na arte da prosa, um suspense que não avança "aos saltos e aos pinotes", mas que se repete em função do alcance e da duração da escrita.

Era a época em que se instituía uma concepção "pura" da etnologia: uma tentativa de descobrir no modelo de sociedades também supostamente puras, em todo caso menos complexas (o que em si já era um curioso prejulgamento), as estruturas elementares ou as dinâmicas de toda e qualquer sociedade. As pretensões dessa etnologia dominante também se fundavam: na objetividade, mas como anseio ou convicção quanto à possibilidade de apreender a essência de um fato social ou cultural na malha das descrições; no distanciamento, que se supunha capaz de conferir objetividade; na definição, que supunha a compreensão plena do fenômeno observado, bem como sua exemplaridade. Leiris não sucumbiu a essa tentação do universal generalizante.

≈

Sua obra mais significativa nesse sentido é *Contacts de civilisation en Guadeloupe et en Martinique*,[3] livro de que pouco se fala, e não sem razão: como abarcar a medida dessa acumulação minuciosa de fatos que, em vez de conduzir a teorias basilares, expõe em estado bruto a realidade apreendida, limitando-se a urdi-la em toda a sua profusão? O Leiris etnógrafo, com o seu modo pragmático e humilde de lidar com as coisas e com as pessoas, acata neste ponto os padrões de análise comuns à antropologia e à sociologia: o estudo das classes sociais, a abordagem dos níveis de linguagem, o exame das "formações" históricas. Mas bem se vê que, diante da complexa realidade das Antilhas francófonas, sociedades compósitas e crioulas, o que o cativa não é a substância (a descobrir ou a "compreender") dessa realidade, mas sobretudo a própria complexidade enquanto substância. Estamos em plena etnologia da Relação, numa etnografia da relação com o Outro.

3. Michel Leiris, *Contacts de civilisations en Guadeloupe et en Martinique*. Paris: Unesco & Gallimard, 1955. [N. T.]

Estudar contatos culturais significa reconhecer de antemão que deles não há lição nenhuma a tirar, já que a natureza desses contatos é fluida e intempestiva. Da nossa parte (atribuindo ao próprio observador a qualidade dessa realidade observada, ou do relato que dela é feito), diríamos que Leiris não pretendia extrair conclusão nenhuma de sua autoanálise, mas sim contemplar dia após dia esta outra conclusão, que também é um suspense, e que o obcecava: o momento de sua morte. Não a morte como um possível temor (como Montaigne se esforçara em remediar por antecipação), mas a morte como um mistério ou um escândalo que põe fim a outro escândalo e a outro mistério, o da vida. "Noite e dia, pairava sobre mim a morte como uma lúgubre ameaça" (p. 84).

≈

Se a observação da realidade e a autoconfissão não têm por finalidade descobrir a substância das coisas, para que servem? No que se refere à etnografia, o que está em causa é descrever com probidade, para melhor estabelecer relações, para melhor instituir a troca. Quanto à confissão, ou, digamos, a confidência, enredados como estamos nas tramas da obra, não percebemos uma de suas evidências: que Leiris, a bem da verdade, só nos fornece elementos sobre sua vida – as mulheres que desejou, as decepções que sofreu, as privações que o afligem – de maneira secundária e até um pouco ilusória.

A confissão não é, para ele, nada daquilo que ouvimos de Rousseau, por exemplo: uma exaltação do eu, a justificação de uma existência e de um pensamento. Tampouco corresponde à busca de uma verdade incontestável.

É a mesma exigência implacável de verdade (de veracidade) no pormenor que se impõe aqui (para a confissão) e ali (para a prática da etnografia). A atenção que Leiris dedica ao mundo se vê condicionada à onipotência dessa veracidade, mais difícil de suprir no caso da confissão. O que há de mais exigente na obra de Leiris é o olhar. Não só o que vê o presente, mas também o olhar da memória, que escuta as palavras vindas de muito longe, as expressões recorrentes, os ritornelos, os chavões, os lugares-comuns.

É então que descobrimos na obra de Leiris um princípio que ainda há pouco tentávamos antever, o princípio da confissão: contribuir para a urdidura de uma retórica, a única capaz (ao instituir um nexo entre o viver e o dizer) de justificar o escândalo da condição humana, isto é, da própria condição. "Não se vem ao mundo impunemente, e qualquer tipo de fuga é impossível" (p. 58).

≈

A exigência de veracidade está lá, acima de tudo. Se os elementos que dão corpo à poética, as palavras, as expressões, os chavões, os ritornelos dos quais o autor "parte", ou os eventos dos quais "se serve" tivessem sido por ele previamente deformados ou fantasiados, então se romperia o elo entre a condição e a expressão, a trama da realidade e a trama da palavra. E se ambas as dimensões fossem fundidas uma na outra, a do viver e a do dizer, sem que para isso fosse necessário o árduo trabalho de tecer a escrita, então voltaríamos a tropeçar no escândalo da condição humana, sem possibilidade de exorcizá-lo. O artifício exorcístico da arte não consiste, ó simplicidade, em relacionar a veracidade dos fatos ao círculo da subjetividade, mas em revelar a relação, se é que existe uma, que foi tecida a partir deste na direção daquela. É pelo "se é que existe uma" que a retórica começa, que a escrita corre o seu risco. A arte poética, como a única "exploração" concebível, é um estágio do possível.

Com isso, Michel Leiris em nada se mostra essencialista ou nominalista. Ele não pretende definir. E a relação entre o sistema inconcebível de existência e o sistema deliberado de expressão não é fusão nem confusão. O olhar meticuloso é um olhar que escuta, ó Claudel, e fala. A confissão é, antes de tudo, um discurso no qual o jogo de palavras e os jogos de palavras se imbricam "em abismo". O processo pode ser resumido da seguinte forma: o que a existência proveu, o discurso organiza. Ou, em termos mais sucintos: o que a retração calou, a poética desdobra. Da retração ao desdobramento, o movimento é incessante.

Esse vaivém também envolve os objetos, testemunhas ativas e componentes altamente significativos da trama: "Tal série de objetos, estratificados como um fluxo, deve necessariamente ter outra que a suceda como um refluxo" (p. 62). Leiris compartilha, mas também supera, a paixão dos surrealistas pelo bricabraque, pelo encontro casual de objetos estranhos e selecionados, cuja enumeração (o elemento poético da exploração da realidade) remete, no caso deles, ao "Il y a" de Guillaume Apollinaire.[4] Para Leiris, essas listas são reversíveis e se contaminam mutuamente. Retração-desdobramento.

≈

Quando dizemos *retórica*, não nos referimos a um corpo de preceitos aplicados com maestria nem a um artifício didático, mas a uma audaciosa dinâmica do discurso, uma aposta que se expõe na relação fora-dentro, eu-mundo, existência-expressão.

A prosa de Leiris é, assim, uma metaprosa que avalia, a cada momento, o seu nível de expressibilidade (naqueles momentos em que o autor "confessa" os fatos) e os seus níveis de reflexibilidade, quando o próprio autor relaciona a sua confissão à equivalência a que já nos referimos do *alto-mal* da vida ao *frágil ruído* da escrita.[5]

Os estágios complexos de contaminação, a exemplo da contaminação semântica, atam pouco a pouco o nó da frase, como em

---

4. O poema "Il y a", datado de 1915, foi publicado na coletânea póstuma *Il y a...* (Paris: Albert Messein, 1925) e reeditado em *Poèmes à Lou* (Genebra: Cailler, 1950). [N. T.]
5. *Alto-mal* e *frágil ruído* fazem alusão aos títulos de volumes da obra de Leiris: *Haut mal* (Paris: Gallimard, 1943) e *Frêle bruit* (La Règle du Jeu IV) (Paris: Gallimard, 1976). [N. T.]

Aurora, onde o nome da heroína inaugura uma procissão de significantes derivados, OR AURA, OR AUX RATS, HORRORA, O'RORA,[6] e onde Leiris escreve o seguinte, prenunciando muitas das sequências contidas em sua tetralogia *La règle du jeu*:

> Eu refletia sobre o que tinha visto e, contemplando mais acima do hangar convertido em vala comum a Estrela Polar, que brilhava vagamente como a ponta irônica da espada de Paracelso, eu pensava no nome Aurora, atrelado ao destino daquela incrível jovem que os últimos resquícios de nuvens agora levavam consigo ao encontro de um arranha-céu construído – com que cimento imutável? – nos limites de um continente extraordinariamente estável e límpido, embora coberto de fuligem, e me ocorreu que em latim a palavra *hora* significa isso mesmo, que o radical *or* está presente em *os* e *oris*, que significa "boca" ou "orifício", que foi no Monte *Ararat* que a Arca finalmente foi parar no fim do dilúvio, e que, se Gérard de Nerval acabou se enforcando uma noite num beco qualquer do centro de Paris, foi por causa de duas criaturas semifantásticas, cada uma com metade desse nome: Aurélia e Pandora (p. 178).[7]

Essas contaminações e muitas outras, por exemplo, de natureza geográfica (colusões de lugares), e sempre induzidas pelos mistérios supralógicos da semântica, e muitas outras formas de transversalidade, relacionam-se expressamente aos processos de alquimia e transmutação: da existência ao discurso, da morte-vida à retórica, que é a única que lhe serve de desculpa e faz com que possa ser suportada.

A prosa de Leiris é um único e longo arquejo, uma hachura incessante de arfadas fortes ou contidas, como a de alguém que, já meio sufocado, vislumbra a chegada de um apocalipse piegas, do qual pretende tirar as medidas.

6. Expressões homófonas de Aurora, as duas primeiras teriam como tradução, respectivamente, "ora, aura" e "ouro aos ratos", enquanto as duas últimas parecem remeter a jogos semânticos em torno de variações de nomes próprios. [N. T.]

7. Gérard de Nerval era o pseudônimo do escritor francês Gérard Labrunie, que, por meio de suas traduções, introduziu na França a obra das grandes figuras do Romantismo alemão e exerceu grande influência entre os surrealistas com seu romance *Aurélia ou Le Rêve et la vie* (Paris: Victor Lecou, 1855), publicado postumamente e cujas páginas finais foram encontradas no bolso do casaco que vestia quando se suicidou. [N. T.]

Em *Aurora*, já se vê evocado esse estado que era para Leiris o tédio, que não era nem *spleen* nem melancolia, e que aos amigos que o visitaram nos últimos dias de sua vida confessou sentir. Ele se entediava se não buscasse a correlação entre a retração da existência e o desdobramento da escrita. Não concluo a partir disso que ele vivesse para escrever, mas certamente a escrita não o satisfazia se nela não encontrasse o que pudesse dar suporte à vida. O tédio é esse vazio que, em certos momentos, derrama sua desoladora indiferença pela fenda aberta entre a vida e a escrita.

Por isso a necessidade de contrapor à massa disforme da experiência vivida o rigor cadenciado da trama retórica. À sua maneira provocativa e exacerbada, é o que nos diz *Aurora*:

> Pois devo dizer que, para mim, a vida sempre se confundiu com o que é frouxo, tépido e desconforme. Por amar justamente o intangível, o que está para além da vida, arbitrariamente identifiquei com essa invariante tudo o que é duro, frio ou geométrico, e é por isso que me encantam as linhas angulosas que o olho lança ao céu para capturar as constelações, a ordenação misteriosamente premeditada de um monumento e, em última instância, o próprio solo, o lugar plano por excelência de todas as figuras (p. 83).

Sabemos que, muito além dessa paixão por figuras geométricas, planos e documentos topográficos, tão distantes do que diríamos ser humano, a obra de Michel Leiris é uma busca obstinada pelo único tipo de trama que se mantém, aquela que instaura a relação e permite à solidariedade lúcida suplantar o frouxo, o tépido e o desconforme.

A última palavra de sua retórica, ultrapassados o diferimento do real e o deslocamento da escrita, indica uma relação autêntica – emancipada – com o Outro.

A terra matriz dos países caribenhos é o Haiti.

Que nunca deixou de arcar com o ônus da audácia que teve de conceber e fazer surgir do seio do mundo colonial a primeira nação negra.

Que há duzentos anos experimenta o que significa viver sob embargo, sistematicamente renovado.

Que atura incansavelmente seus campos de desabrigados e seu mar insano, e se expande em nossa imaginação.

Que vendeu seu sangue crioulo por meio dólar o litro. Que se espalhou pelas Américas, pelo Caribe, pela Europa e pela África, refazendo-se diáspora. Que consumiu toda a sua madeira, recobrindo de áridas cicatrizes o alto dos seus morros.

Que fundou uma Pintura e inventou uma Religião. Que morre toda vez que se batem suas elites negras e suas elites mulatas, igualmente carniceiras. Que acreditou que um exército se compunha de filhos de heróis.

Que se impregnou de palavras belas e atrozes: a palavra *macoute*, a palavra *lavalas*, a palavra *dechouke*.[1]

---

1. Termos associados a períodos de extrema violência na história recente do Haiti. *Tonton Macoute*, significando literalmente Tio do Saco, é o nome dado em kreyòl ao bicho-papão como personificação do medo infantil e foi utilizado para designar os agentes da milícia empregada pelo regime durante a ditadura hereditária de François e Jean-Claude Duvalier. Sob pretexto de perseguir opositores, os *macoute* gozavam de imunidade para praticar todo tipo de arbítrio. Estima-se que, entre 1957 e 1986, tenham sido responsáveis pelo assassinato de mais de 50 mil pessoas. *Lavalas* significa avalanche – ou, mais precisamente para o contexto haitiano, enxurrada ou aluvião. Foi o termo utilizado para designar o movimento político que levou Jean-Bertrand Aristide à presidência após a derrubada do regime ditatorial duvalierista. Invocando a imagem dos grandes volumes de terra que descem pelas encostas dos morros arrastados pelas chuvas torrenciais, pretendia transmitir a ideia da força irresistível desencadeada pela descida das massas populares dos morros para finalmente participar da vida política do país. O movimento passou à

clandestinidade com o golpe militar que depôs Aristide em 1991 e somente se reorganizaria com sua volta à presidência, em 1996, já cindido porém em forças antagônicas. A partir de então, o termo também passou a ser associado às perseguições promovidas por Aristide contra dissidentes e opositores e que viriam a se tornar sistemáticas a partir de sua reeleição em 2000. *Dechouke* significa desenraizar e passou a ser utilizado no período imediatamente posterior ao exílio do ditador Jean-Claude Duvalier, em 1986, para se referir à remoção de figuras associadas ao regime das posições que ocupavam na vida política e social, sobretudo no espaço rural. Com o recrudescimento desse processo, ao mesmo tempo em que se intensificava o nível de violência empregada, alargava-se o círculo dos que eram retrospectivamente acusados de conivência e cumplicidade com o regime ditatorial, até o ponto em que coletividades inteiras se tornaram alvo de perseguição. Para mais referências, ver Jean-Philippe Belleau, "Tontons Macoutes", "Dechoukaj" e "Massacres perpetrated in the 20th Century in Haiti", em *Mass Violence and Resistance – Research Network*, disponível online. [N. T.]

O tambor do Todo bate na poesia de Aimé Césaire:

> *Je me suis, je me suis élargi – comme le monde –*
> *et ma conscience plus large que la mer!*
> *J'éclate. Je suis le feu, je suis la mer.*
> *Le monde se défait. Mais je suis le monde*

e flui num enlevo velado na de Saint-John Perse:

> *Et la mer à la ronde roule son bruit de crânes sur les*
> *grèves,*
> *Et que toutes choses au monde lui soient vaines, c'est ce*
> *qu'un soir, au bord du monde, nous contèrent*
> *Les milices du vent dans les sables d'exil...*

Já não se disse desse poeta que ele foi das batidas do Caribe (*Éloges*) para as ondas do Pacífico, na direção dos planaltos da Ásia (*Anabase*) até os respingos do Atlântico (*Exil*)?[1] Os mares fluem nessa errância como rios a esmo.

---

1. Publicados respectivamente em 1911, 1924 e 1945, compuseram posteriormente uma edição conjunta: Saint-John Perse, *Éloges* suivi de *La Gloire des rois, Anabase, Exil*. Paris: Gallimard, 1967. O fragmento citado é do poema "Exil". [N. T.]

Fiz-me eu, eu me expandi – como o mundo –
e minha consciência mais ampla que o mar!
Rebento. Sou o fogo, sou o mar.
O mundo se desfaz. Mas sou eu o mundo

E ao redor o mar a rolar seu ruído de crânios sobre a
      praia,
E que todas as coisas do mundo lhe são vãs, foi o que
      certa noite, no fim do mundo, nos contaram
As milícias do vento nas areias do exílio...

O corpo de Douve

Quando foi publicado *Du mouvement et de l'immobilité de Douve*,[1] éramos vários poetas radicados na França, todos da mesma geração, com quatro ou cinco anos a mais ou a menos, interessados em expandir a palavra poética, fosse voltada para os horizontes de um país e do mundo – refiro-me a Kateb Yacine,[2] por exemplo – ou para as exalações do verso, encarado como uma medida da respiração humana e um cadinho para o ruído do mundo, como ilustraram sucessivamente [Victor] Segalen, [Paul] Claudel e Saint-John Perse.

Talvez seja uma pequena contribuição para a história da literatura desse período indicar como reagiu a *Douve* essa categoria de poetas que nada tinha que os "unisse" efetivamente, nem escola, nem teoria, nem manifesto. Entre eles estavam Jacques Charpier, cujo poema "Connaissez-vous l'Écolière" era popular entre nós, Jean Laude, que se tornaria um especialista meticuloso na história da arte africana e um poeta da amplidão e da obscuridade, por onde volteia uma luz serena, e Roger Giroux, cujo primeiro livro de poesia, *L'Arbre le temps* (1963), viria a ser publicado pela mesma Mercure de France que lançou *Douve*.

Eram, de certa forma, poetas interpelados pela História, fosse por terem sofrido na pele suas provações (Yacine) e a terem questionado, fosse por terem refletido acerca de seus sentidos contraditórios (Laude, Charpier). Ou estavam, como no caso de Roger Giroux ou Paul Mayer, imbuídos da mesma paixão pela

---

1. Yves Bonnefoy, *Du mouvement et de l'immobilité de Douve*. Paris: Mercure de France, 1953. [N. T.]
2. Kateb Yacine (1929-1989), poeta, romancista e dramaturgo argelino, escrevia em francês, darja e tamazight. Foi um importante promotor da cultura e da identidade berbere e é tido como um dos mais destacados representantes da literatura do Norte da África. [N. T.]

retórica, na acepção escrita do termo, que se contrapunha à ausência, à escassez da palavra sobre a página, algo que já começava a consumir a expressão poética na França. E, no entanto, Giroux, poeta consagrado, enveredaria mais tarde por esse silêncio, em meio ao qual, porém, ainda percebo as rupturas da antiga verve. Pierre Oster se mantinha a distância. Jean Grosjean, ainda mais distante, apascentava suas províncias proféticas.

Douve estava distante de nós, mas muito presente.

Primeiramente, por sua dialética, não precisamos ter medo da palavra. Foi o convite que nos fez o poeta, que citava Hegel com destaque em seu texto:

> Mas a vida do espírito não é de se intimidar com a morte, nem de se manter pura diante dela. Ela é a vida que a sustenta e nela se preserva.

A citação convinha aos hegelianos que quase todos nós éramos ou desejávamos ser, e apesar disso propunha um equívoco primordial, por fugaz que fosse. Era fácil definir o *movimento* como vida e confundir a *imobilidade* com a morte. O texto do poema prontamente nos exortava a abandonar uma mecânica tão pobre.

Douve nos tocou como a primeira palavra de um poeta de nossa geração que sem o dizer dizia que a poesia é conhecimento, ainda que esse conhecimento passe por aquilo que Bonnefoy viria mais tarde a chamar de o improvável.

Acho que foi também o primeiro livro de poesia contemporânea que consideramos ao mesmo tempo total e tão pouco totalitário, e ficou patente para nós que o corpo de Douve, como objeto da poesia, obscuro e iluminado, dividido e incessantemente recomposto, nela se revelava uno e transfigurado pela multiplicidade que o perpassava.

Percorrendo o poema, não se podia evitar o constante retorno a essa multiplicidade esfacelada do corpo de Douve. Digo o corpo, porque Douve, que prometia o conhecimento, não se oferecia sob a égide de uma pura evanescência. Ela era conhecimento secreto *esquartejado*, e que se *rompe* – essas são citações do poema –, que vê seus olhos se *corromperem* e que é inundada "de cabeças frias com bico, com mandíbula".

Eram tantas as dispensações do corpo de Douve que levavam a pensar que ela se estendia na terra com profunda impaciência.

Eu voltava ao livro, onde pouco a pouco tomava forma a imagem dessa expansão, dessa extensão, que parecia uma exploração realizada tanto dentro quanto fora de si mesmo.

Para recompor um desses campos, não, uma dessas pautas, entre outras, eu via passar, digamos que eu reconhecesse, *o carvão*, terra incinerada, cujo corpo morto leva e traz a vida, *a areia*, cuja mobilidade está para sempre fixada, *a teia de aranha*, que é como a areia que ganha forma, *a hera*, que é tanto teia quanto areia quanto carvão vegetal, e *a relva luxuriante*, que em sua avidez confunde toda a vida e toda a morte.

Uma variedade impressionante, do carvão à relva, com uma diversidade que se conforma a si mesma. Todas as realidades simultaneamente densas e imbricadas. Compreendemos por que Douve era obscura e iluminada, una e transfigurada. Era por não se ver a salvo das investidas da terra, por ser genuinamente telúrica. Ter sido fulminada por pedras ou por raios, ter estado à mercê do frio e da escuridão, tudo isso fazia dela um presente dos mais puros. O conhecimento transmitido pelo poema passava por essa energia não reivindicatória, que nos permitia antecipar nossas próprias indagações.

O texto omitia magistralmente o pronunciamento das suas circunstâncias. Mas nele era possível acompanhar o movimento não mais de Douve, mas do poeta. Ele partia de um passado imponderável:

Je te voyais courir sur des terrasses
Je te voyais lutter contre le vent...

Eu te via correr pelos terraços
Eu te via lutar contra o vento...

rumo a um presente, rumo a presentes incontornáveis:

> *Je me réveille, il pleut. Le vent te pénètre, Douve, lande résineuse endormie près de moi...*

Muito além do tempo, não seria essa a marca de uma consciência que, digamos assim, se torna História? E, mais do que isso, de uma destemida abertura para a imensidão do mundo? Essa poesia conduzia à reflexão sobre o Ser, mas pela via de um ensinamento sobre os elementos mais prementes da realidade.

> *Le ravin pénètre dans la bouche maintenant,*
> *Les cinq doigts se dispersent en hasards de forêt maintenant,*
> *La tête première coule entre les herbes maintenant,*
> *La gorge se farde de neige et de loups maintenant,*
> *Les yeux ventent sur quels passagers de la mort et c'est nous dans ce vent dans cette eau dans ce froid maintenant.*

Uma prosódia feita tanto de contenção – nada nela é inútil ou afetado – quanto de um rigor na inspiração que a distanciava das frouxas exaltações que outrora haviam inflamado o poema na França. Mas havia também uma brusquidão cadenciada, quebras e, não raro, volteios, circularidades, que faziam do texto um verdadeiro rio, uma corrente que fluía de um passado quase lendário para esse presente banhado por um esplendor múltiplo.

E, como que para consumar nossa surpresa, o poeta projetava no futuro algo que, nesse exato ponto em sua reflexão, só posso chamar de Arte Poética: é o poema, a bem-dizer um trecho que prefigura o poema inteiro, que ele intitulou *Vrai nom* e que considero uma das mais belas expressões da poesia francesa contemporânea.

[Nome real]

Acordo, está chovendo. O vento a penetra, Douve,
   lamaceira viscosa que dorme ao meu lado...

A ravina invade a boca agora,
Os cinco dedos se espalham por esmos bravios agora,
A cabeça primal afunda no mato agora,
A garganta se encobre de neve e de lobos agora,
Os olhos ventam sobre quais passageiros da morte e
   somos nós neste vento nesta água neste frio
   agora.

> *Je nommerai désert ce château que tu fus,*
> *Nuit cette voix, absence ton visage,*
> *Et quand tu tomberas dans la terre stérile*
> *Je nommerai néant l'éclair qui t'a porté.*
> ....

Uma das verdades da poesia é que a Arte Poética é sempre futura, sempre marcada pelo signo do que está por vir. Essa é uma promessa do poeta, e me parece que Bonnefoy, em *Hier régnant désert*,[3] por exemplo, cumpriu essa promessa. Mas futura também porque o improvável devora a promessa, e quando não cumprida jamais se esgota.

O fogo e o vigor que sobriamente fulguram em Douve, se assim quisermos, podemos carregá-los dentro de nós até muito longe ou, ao contrário, expô-los ao vento do mundo: em ambos os casos, eles continuam a arder e a se consumar.

Isso porque o peso vacilante da presença e a elevação tão obstinada do pensamento são ali a mesma coisa.

> *Que j'aime qui s'accorde aux astres par l'inerte*
> *Masse de tout son corps,*
> *Que j'aime qui attend l'heure de sa victoire,*
> *Et qui retient son souffle et tient au sol.*

---

3. Yves Bonnefoy, *Hier régnant désert*. Paris: Mercure de France, 1958. [N. T.]

Chamarei de deserto o forte que foste,
De noite essa voz, de ausência o teu rosto,
E quando desabares no seio da terra inerte
Chamarei de nada o raio que te partiu.
....

Como eu amo quem se afina com os astros pela inerte
Massa de todo o seu corpo,
Como eu amo quem espera a hora da sua vitória,
E prende a respiração e mantém a posição.

Ainda nem falei da morte. A dialética parecia ter se distraído dela sob o corpo do poema, o corpo de Douve. Mas era justamente essa promessa de vida, alçada ao apuro lógico por Hegel, vertida em copiosas seivas por Valéry no *Cimetière marin*,[1] que se via fulminada e revivida em Douve, que com tantas obscuridades radiantes a iluminava.

---

1. Paul Valéry, *Le Cimetière marin*. Paris: Emile-Paul, 1920 [Ed. bras. *O cemitério marinho*, trad. Jorge Wanderley. Rio de Janeiro: Fontana, 1974; *O cemitério marinho*, trad. Roberto Zular e Álvaro Faleiros. São Paulo: Demônio Negro, 2018]. [N. T.]

A aspereza trágica da obra de Kateb Yacine e a obstinação de sua existência fizeram dele uma figura atormentada, recôndita e luminosa. Ele não vagava pela marginalidade.

O tempo de Mandela

Há tempos que são ganhos, outros que são despendidos. O tempo de Nelson Mandela foi vitoriosamente empenhado no encalço do *apartheid*, um sistema absoluto de horror, que recebeu o rótulo oficial de "desenvolvimento separado". Absoluto? Porque o sistema era completo, cotidiano, tão brutal quanto mesquinho, e perfeitamente cerrado. Na autobiografia, Nelson Mandela diz:

> A segregação praticada de forma aleatória ao longo dos últimos três séculos seria consolidada em um sistema monolítico, diabólico em sua minúcia, inescapável em seu propósito e devastador em seu poder.

E ele descreve esse cotidiano:

> Era um crime cruzar uma porta reservada aos brancos, pegar um ônibus reservado aos brancos, tomar água de um bebedouro reservado aos brancos, caminhar em uma praia reservada aos brancos, estar na rua à noite depois das 11h, não ter um passe (permissão de circulação) ou não ter nele a assinatura certa, não ter um emprego ou tê-lo no bairro errado, morar em certos lugares ou não ter onde morar.[1]

Sem contar as cidades desoladas, os *townships* de lama e poeira, quase sempre sem água, eletricidade ou saneamento; condições degradantes de vida, de saúde e de educação em um dos países mais ricos do mundo (faz pensar na miséria do Zaire, que conta com tantos recursos minerais), cuja importância estratégica é tamanha que parecia que nenhuma ajuda poderia vir de lugar nenhum para alterar essa ordem delirante.

≈

---

1. Nelson Mandela, *Long Walk to Freedom*. Boston: Little, Brown, 1994. [trad. nossa, N. T.]

O que deixou sua marca na imaginação dos povos do mundo foi um homem ter vivido em uma vida esses momentos irreconciliáveis, mutuamente inconcebíveis. O tempo em que um menino africano nasceu num minúsculo vilarejo do Transkei, sem nenhuma chance de escapar do ciclo da dependência e da inexistência, o tempo em que um militante permaneceu preso pelo que parecia ser uma eternidade e o tempo em que esse mesmo Rolihlahla ("aquele que cria problemas")[2] Mandela, que recebeu o nome cristão de Nelson, tornou-se – em abril de 1994 – o presidente da república da África do Sul. O homem que percorreu esse caminho tão pouco trilhado parece ter tido uma profunda relação de cumplicidade com o Tempo.

Como se um Poder o tivesse mantido à margem dos dias que corriam, até que ele, Mandela, estivesse realmente pronto para outra tarefa, determinada pela luta vitoriosa do povo sul-africano. Como se ele tivesse sido reservado, preservado (durante 25 anos de militância, de clandestinidade, de vivência da luta armada, e durante outros 27 anos de prisão, que nem por isso foram menos perigosos) para aquele momento em que o mundo, por sua vez, estivesse pronto para aceitar e exigir que essa tarefa finalmente se concretizasse: uma democracia não racial, preconizada desde o início pelo CNA, e que por muito tempo pareceu a todos, atores e espectadores desse drama, um sonho inatingível.

≈

Nelson Mandela já pressentia que poderia influir na passagem do tempo, à custa de muito sofrimento. "Uma tarde passada quebrando pedras no pátio pode parecer uma eternidade, mas subitamente chega o fim do ano e você não sabe para onde foram todos os meses transcorridos." Porque, "na prisão, minutos

---

2. Nome dado por seu pai, significa em isiXhosa "puxando o galho de uma árvore", com o sentido coloquial de "encrenqueiro". [N. T.]

podem parecer anos, mas os anos passam como se fossem minutos". Será que ele foi escolhido pelo destino (e será que podemos acreditar em destino?), ele, que sobreviveu quando tantos outros, que ele nomeia e homenageia em seu livro, pereceram?

Mas ele é, como afirma o tempo todo, um militante do CNA, preocupado em respeitar a disciplina do seu partido (apesar de alguns lapsos no passado devidos aos arroubos da juventude), fiel e obediente às decisões da maioria.

O mais impressionante é saber como, nos últimos anos de sua prisão (por volta de 1988-1989), quando pela primeira vez se viu realmente isolado de seus companheiros, ele teve a ousadia de tentar estabelecer contato com o governo de Botha e depois com De Klerk, esforçando-se para defender seu ponto de vista ("chegou a hora das negociações") perante a liderança dispersa do CNA. É provável que sua solidariedade inabalável com Oliver Tambo, que na época liderava a organização a partir do exterior (em Lusaka, na Zâmbia), e com Walter Sisulu, que havia sido seu companheiro de prisão por vinte anos, tenha facilitado a virada assumida pelo CNA naquele momento. Mesmo assim, a iniciativa quase solitária de Nelson Mandela tornou-se decisiva. Os milhares e milhares de mortos do CNA e de outras organizações *antiapartheid*, os negros, indianos, mulatos, zulus e brancos que apoiaram sua luta e que dela participaram foram os que tornaram possível vencer essa guerra. O tempo de Mandela é o próprio tempo do povo sul-africano.

Esse tempo levou à libertação ("os brancos deste país não podem continuar a ser tão cegos. Eu sempre soube que sairia da prisão"), depositando num canto os dias e os anos: a juventude na paisagem do Transkei, os rituais da família real tembu (entre eles, uma memorável cerimônia de circuncisão), a adolescência difícil, o escritório de advocacia aberto em Joanesburgo com Oliver Tambo (o primeiro escritório de advogados negros na África do Sul), a experiência cotidiana do *apartheid*, a adesão ao CNA, as lutas coletivas, as prisões e os julgamentos, a clandestinidade, a organização da luta armada, o tempo imenso, como que autônomo e singular, passado na prisão, Soweto, a decisão do CNA de fazer do prisioneiro Mandela um símbolo, a libertação, as eleições e a vitória.

≈

Três quartos de século sem nenhuma trégua, pontuados por tantos infortúnios, mortes, sofrimentos, tanta alegria e esperança. Contados com a precisão e o humor de um griô africano. Vale a pena ler como ele descreve Margaret Thatcher, que lhe deu um sermão e pediu que se poupasse – *na sua idade!* – de uma agenda tão exigente, durante o périplo pelo mundo que se seguiu à sua libertação. Thatcher ficara surpresa com o fato de Mandela empregar o tempo de forma tão intensa.

≈

E uma sabedoria leve que ressoa em frases simples: "O mais curioso e belo da música africana é que ela nos renova a coragem mesmo quando conta uma história triste".

≈

E agora presidente, no comando das coisas. Uma das pessoas mais decididas, e decisivas, da África. Ao observá-lo nas telas de televisão do mundo todo, tenho a sensação de que ele, que já absorveu tanto da realidade, vem se afastando. Parece ter voltado de um tempo vertiginoso, que o deixou com uma ausência no rosto e o predispôs a uma bonomia altiva e familiar, que lhe permite apreciar todas as coisas e todas as pessoas.

Nada renegou de suas raízes tembu e xhosa, preserva a saudade de sua terra natal e segue convicto de que a sociedade sul-africana não tem como não ser multirracial. Esses dois sentimentos não são contraditórios. Não é preciso renunciar a si mesmo para se abrir para o outro. Os concidadãos podem ser diferentes, sem que precisem se "integrar" para poder trabalhar e viver juntos. Isso confere à ideia de nação um novo sentido.

Nelson Mandela também se mostrou discretamente capitalista, mas em nenhum momento anticomunista (é uma peculiaridade da política sul-africana o fato de que os dirigentes do Partido Comunista podem ter sido membros do CNA ou de sua cúpula, sem que as duas organizações se fundissem). Dizia-se anglófilo e confessava ser apaixonado pelos filmes de Sophia Loren. Uma pessoa livre e plural em sua unicidade humana.

≈

Os líderes da África do Sul, que precisarão responder aos anseios de tantos deserdados e que se depararão com as armadilhas da política internacional, coisa que certamente saberão contornar, estão empenhados em trabalhar pela reconciliação do país. (Mas sabemos que a taxa de criminalidade é uma das mais altas do mundo, que a corrupção grassa solta, que o poder dos brancos do *apartheid* mal foi afetado e muitos já se perguntam até onde foram, nessa luta contra a atrocidade, as atrocidades cometidas em nome do CNA.) Se tiverem sucesso, brindarão o século XXI com um ímpeto e uma promessa de equilíbrio global. Tudo o que o mundo tem de diverso precisa da experiência sul-africana, desse seu sucesso e de suas lições.

≈

Uma presença distante desse tempo de Mandela. Nós, que éramos jovens, crescemos, passamos de um projeto a outro, preenchemos ou não as nossas existências, vimos as manhãs se erguerem do horizonte do mar, percorremos a trilha dos nossos trabalhos, defendemos nossas causas, nossos filhos se fizeram presentes, descobrimos a totalidade-mundo e nos vimos inteiramente transformados, e ao longe essa presença jamais deixou de se manter intacta no movimento de todas as coisas.

Parecia que só havíamos reconhecido o apostolado lento e paciente de Mahatma Gandhi quando ele sucumbiu aos tiros de um assassino. Que, logo que ouvimos falar de Martin Luther King, também ele sucumbiu. Que o destino de Che Guevara chegou ao fim antes que ele pudesse contribuir para despertar nossa sensibilidade. Como se, para nós, espectadores do drama do mundo, essas figuras pertencessem à morte, quando é a própria vida que se entrega para renascer em outras vidas.

Mas podíamos sentir de longe que se ampliava o tempo de Mandela. Um tempo que abarcava o instante e a permanência. (Era como um tempo pesado, redondo e cheio, prestes a se desatar. Nós o comparamos ao tempo de Yasser Arafat, outro incansável que, depois de tanto tempo, parece ainda não ter percorrido todo o seu caminho e se perpetua nas infindáveis areias de Gaza.) E, quando as eleições o levaram à presidência de seu país, foi como se a porta do Sol, branca e preta e vermelha e amarela como num belo amanhecer, se abrisse para o futuro do mundo. Percebemos então que, desde sempre, o tempo de Mandela coincidia com o nosso. De todos os tempos que cruzam e navegam nossas ondulações e refluxos como esquifes e pirogas ao vento,[3] esse se guardou para enfim insuflar em nós a certeza de que, diante da imprevisibilidade do mundo, nada é impossível de acontecer.

---

3. No original, *yoles* e *gommiers*, tradicionais embarcações a vela da Martinica que se enquadram, pela origem e feitio, nas categorias de esquife e piroga. [N. T.]

Vemos o Ocidente (no Ocidente) como a sede dos direitos humanos e da livre escolha, à qual adoramos contrapor uma rigidez fabulosa do islã. Mais uma estupidez. O judaísmo, o cristianismo e o islamismo derivam da mesma espiritualidade do Uno e da mesma crença em uma Verdade Revelada. Essas três religiões monoteístas, surgidas ao redor da bacia do Mediterrâneo, engendraram absolutos espirituais e ápices de exclusão, elevações de suma intensidade, respectivamente exacerbados pelos seus próprios fundamentalismos. Nesse sentido, o islã é um dos componentes marcantes do Ocidente, que se espalhou pelo mundo exatamente como fizeram os reinos cristãos, mesmo que por caminhos diferentes. A ideia do Uno, que tanto engrandeceu, também distorceu muito. Como acatar essa ideia, que transfigura o Diverso, sem com isso infringi-lo ou rechaçá-lo? Pois é a diversidade que nos protege e, se for o caso, nos perpetua.

O livro do mundo

O livro está ameaçado de extinção física (eis aqui um de nossos lugares-comuns mais célebres) por inúmeros motivos, que se resumem a este: os avanços da tecnologia audiovisual e computacional são irrefreáveis e implacavelmente discriminatórios. É o que se costuma dizer.

Já se foi o tempo em que era possível sonhar ou desenhar o mundo como uma totalidade, mas que podia ser abarcada, cujo futuro podia ser imaginado, esboçando a harmonia desejável. O futuro que hoje podemos conceber é o do infindável. O imprevisível e o descontínuo nos seduzem incessantemente. Todos os livros já publicados passam a valer em relação a qual será e a forma que assumirá o próximo a ser lançado, ou a ser projetado no espaço do nosso pensamento como um avatar virtual.

Acumulando anotações, rascunhos e documentos, Stéphane Mallarmé queria, no final da vida, concretizar enfim o Livro, que significaria tudo e tudo transcenderia. Mas, na época de Mallarmé, o mundo enquanto mundo já havia começado a consumar seus devaneios, e contrapunha ao apuro do conhecimento buscado pelo poeta, a essa busca pela essência, uma irredutível diversidade, que Victor Segalen acabaria por instituir, aliás, como princípio da poética.

Ambos convergiam em uma Intenção semelhante, que era a de atribuir uma Medida à desmedida, uma cadência cognoscente a tudo o que há de incognoscível no mundo, e a de apanhar essa desordem e essa multiplicidade com a eficácia das regras retóricas de que dispunham.

Mas o mundo já tinha ido além, como mundo e como totalidade. É como se esses poetas tivessem divisado de cima, ou como que por vertigem, a sarabanda frenética dessa diversidade: Mallarmé como um sonhador do Ser, Segalen atribulado pelo ente e ainda mais fragilizado por ter sido apanhado em seus imprevistos.

Contudo, se Mallarmé tivesse realizado o seu Livro, que teria sido o Livro do Mundo, então todo e qualquer livro teria desaparecido de nossos horizontes, tanto como projeto quanto como objeto.

≈

O imprevisível e o descontínuo nos fascinam, por mais que receemos nos acostumar com a sua espiral. Se as técnicas visuais, computacionais e orais mudarem o material dos livros, se chegarem até mesmo a substituí-los por objetos estranhos que nem podemos imaginar, se transformarem as bibliotecas em algo mais que midiatecas, se empurrarem de volta para suas profundezas, onde será preciso explorar por muito tempo, os livros tradicionais, isto é, aqueles que não foram inseridos em um mapa nem em uma tela, será possível ter alguma certeza de que essa inserção em uma tela quebrará o seu encanto ou apagará o seu brilho? A transparência da tela não é equivalente à espessura da página? E será que não nos acostumaremos com esses objetos estranhos?

Consideremos o seguinte: a internet, que elegemos como símbolo e modelo para o momento atual, lança-nos para o meio do turbilhão da nossa totalidade-mundo, e tudo indica – por mais que baste um clique para voltar a um assunto – que não teríamos como colocar o pé duas vezes na mesma água, que a literalidade do mundo representa para nós tanto atualidade quanto fugacidade, que dela não podemos reter nada que nos ancore em meio a essa corrente perpétua. Ou será também necessário aprender a apreender sem reter?

Há quem diga que a internet mais parece um depósito, um acúmulo, do que um fluxo. E isso é verdade. Mas a forma como é utilizada é o que dita as suas características. Quando a consultamos, nós a desdobramos. Enquanto as ciências clássicas se ocupavam do infinitamente pequeno e do infinitamente grande, é bem possível que a ciência da computação (que já existe) se ocupe apenas do infinitamente móvel.

O livro, enquanto projeto e objeto, permite-me apostar na possibilidade de flagrar sempre a mesma água sobre a minha pele. O seu curso me revela a nascente e o delta, seu início e seu fim e, em qualquer dos casos, quantas páginas eu quiser ao mesmo tempo, deixando-me livre para abarcá-las numa mesma batelada: aquilo que ele arrasta entre suas margens é uma prova de permanência. Ou será que teremos que aprender a captar a permanência, ou pelo menos o seu gosto, no movimento incessante da literalidade? Eu diria assim: a internet desdobra o mundo, expondo-o em toda a sua extensão, enquanto o livro o ilumina e nos dá a ver suas invariantes.

≈

Por que ainda preciso me ater a invariantes? Não é esse o disfarce perfeito com que se apresentaria o velho fantasma do absoluto? Não basta a literalidade do Caos-Mundo para saciar todos os fantasmas, desejos e aspirações? Ser delirante no delírio, carnavalesco no Carnaval, selvagem na selvageria? Mas se eu ajustar minha sensibilidade aos imprevistos desse Caos-Mundo e concordar em não mais precisar fazer planos para ele nem prever como será governado, fato é que não poderei acompanhar seu curso se for tragado por ele. Quem está no redemoinho não vê nem pensa no redemoinho. É por isso que uma arte da literalidade, um elementarismo não mais do que um realismo, nada disso me colocaria em posição de vivenciar o mundo, de me aproximar dele ou de conhecê-lo; apenas me permitiria suportá-lo passivamente.

O invariante é exatamente como o que dissemos sobre o lugar--comum: um lugar onde um pensamento do mundo encontra outro pensamento do mundo. Pontos vélicos na turbulência, que me permitem dominar ou domesticar minha desorientação, meu medo do presente, minha vertigem.[1]

A desmedida do mundo pode ser explorada por meio da desmedida do texto, sim, e é ao revelar as invariantes da primeira, os pontos de encontro fugazes, a relevância das relações, aquilo que une silêncios e rompantes, que a segunda faz mais do que acatar com tristeza a sua literalidade.

O impulso das invariantes não funda um Absoluto, ele cria Relação. Entre o aqui e o além, o dentro e o fora, o eu e o outro, o barro e o granito. Nessa trama, o poeta inscreve sua intenção, a sequência do poema ou as fases de sua recitação. O livro é um cadinho em que isso é transmutado. Ele permite uma parada, um alicerçamento do tempo presente, um povoamento, por meio da adivinhação das invariantes e da consumação da intenção. Ele desliteraliza a desmedida do mundo, sem contudo a atenuar nem tentar neutralizá-la.

≈

Nossa prática ou nosso compartilhamento das línguas envolve tantas experiências cotidianas, tantos contatos fortuitos, tantas iluminações imediatamente reduzidas a um lampejo fugaz. É ao texto guardado em livro que temos o prazer poético de confiar a nossa linguagem, por mais que a tenhamos forjado na oralidade.

---

1. O ponto vélico representa o centro do velame de uma embarcação a vela, o ponto em que a resultante do conjunto das forças aplicadas pelo vento sobre a superfície de todo o velame encontra a vertical do centro de gravidade da embarcação. A ideia de ponto vélico como uma fissura que serviria de passagem entre realidades distintas foi desenvolvida por Julio Cortázar a partir da "admirável passagem" em que Victor Hugo o ressalta como "lugar de convergência, ponto de intersecção misterioso". Para Cortázar, "O fantástico *força* uma crosta aparente, e por isso lembra o ponto vélico". Ver Victor Hugo, *Trabalhadores do mar*, trad. Machado de Assis. Rio de Janeiro: Tipografia Perseverança, 1866; Júlio Cortázar, "Do sentimento do fantástico", in: *Valise de cronópio*, trad. Davi Arrigucci Jr. e João Alexandre Barbosa. São Paulo: Perspectiva, 1993: p. 179, grifo do autor. [N. T.]

O uso das línguas serve bem a mesa da internet. Mas a alquimia da linguagem requer esse cadinho do livro, muito embora nos precipitemos a lançar nele os materiais que esperamos transubstanciar. A rapidez e o fulgor característicos do livro não são os mesmos que experimentamos quando estamos diante da tela. Estes são o resultado de um prodigioso acúmulo, enquanto aqueles derivam de um diferimento subitamente revelado. A língua só cresce graças à linguagem, esta insígnia do poeta, e a linguagem depende de todas as línguas, que são o imaginário do mundo.

≈

E nós também, na verdade, lemos dessas duas maneiras. Uma em línguas, outra em linguagem.

A primeira é errática. Um anúncio publicitário numa esquina, um romance policial que bruscamente desvela a violência (grande invariante dos nossos tempos), uma filosofia de folhetim não mais absurda do que qualquer outra, uma narrativa popular, um livro da moda, a confissão de um criminoso em série, uma dissertação sobre as trufas do Périgord e a forma de as desenterrar ou sobre o cuscuz marroquino e sua suculência adocicada, banalidades inquietantes sobre a experiência da morte, fragmentos, acumulações dispersas, seria preciso escrever isso tudo, mas não temos o tempo necessário, é como a raiz que corre à frente das outras raízes, como a folha que se enleia na outra, nós realmente lemos aquilo que escutamos na televisão ou aquilo que nos fascina no cinema, em plena presença de todas as línguas que usamos, leitura picada, ingenuamente selvagem, um amontoado de lampejos, de memorandos, que não interligamos, lampejos não se interligam, na verdade é o Todo-Mundo que nos preenche sem que o saibamos, deixamos que ele germinasse e se esvaísse em nós, mas o seu labor persiste, pouco a pouco aprendemos a distinguir estas invariantes cujo conhecimento nos é tão necessário, e mais uma vez tardamos a ordenar esse conhecimento, e é assim que descemos (como que literalmente) ao pé da letra do mundo.

Depois fazemos uma pausa e pedimos um descanso. Voltamos aos grandes textos, àquilo que consideramos os grandes textos, e aí geralmente preferimos os livros grossos, os livros demorados, que nos dão tempo, o chinês *Margem da água*, *Declínio e queda do Império Romano* ou *Literatura europeia e Idade Média latina*.² É então que nos debruçamos, por conta própria, sobre a nossa linguagem.

Com o primeiro tipo de leitura, adentramos o mundo, vivenciamos sua multiplicidade, somos tocados. Mas e quanto ao segundo tipo? O que buscamos nesses textos fundamentais, além do prazer lento e compassado da beleza consultada? Nessa demora que parece nos arrebatar da agitação do mundo?

Suspeito que neste ponto tenhamos entrado em um estado de mediunidade. Talvez estejamos, acima de tudo, à procura dos precursores da totalidade que atualmente nos invoca. Esperamos reconhecer neles as nossas invariantes, e a forma como esses textos as prenunciaram. Para reforçar em nós mesmos, contra os acasos descontínuos da preciosa errância, o senso de permanência, a árdua paciência do tempo. É isso o que eu chamo de augurar a própria linguagem. Sim. É assim que lemos esses grandes livros.

E, por exemplo, nos textos recortados e fragmentários dos pré-socráticos, como se o fragmento fosse um pedaço de uma duração decorrida, deparamo-nos com a sensação de que a nossa época renovou essa era pré-socrática, quando as miscigenações insulares,

---

2. Sem tradução para o português, o romance histórico 水滸傳 (Shuǐhǔ Zhuàn), atribuído a 施耐庵 (Shī Nài'ān, c. 1296-1372), teve traduções notáveis para o inglês (*Outlaws of the Marsh*, trad. Sidney Shapiro Beijing. Bloomington: Foreign Languages Press/Indiana University Press, 1981; *The Marshes of Mount Liang: A New Translation of the Shuihu Zhuan or Water Margin of Shi Naian and Luo Guanzhong*, trad. John Dent-Young e Alex Dent-Young. Hong Kong: Chinese University Press, 1994-2002) e para o francês (*Au Bord de l'eau: Shui-Hu-Zhuan*, trad. Jacques Dars. Paris: Gallimard, 1983). Edward Gibbon, *The History of The Decline and Fall of the Roman Empire*, 6 vols. Londres: Strahan & Cadell, 1776-1789 [Ed. bras. *Declínio e queda do Império Romano*, edição abreviada, trad. José Paulo Paes. São Paulo: Companhia das Letras, 1989]. Ernest Robert Curtius, *Europäische Literatur und lateinisches Mittelalter*. Berna: Fracke, 1948 [Ed. bras. *Literatura europeia e Idade Média latina*, trad. Teodoro Cabral, com a colaboração de Paulo Rónai. Rio de Janeiro: Instituto Nacional do Livro, 1957). [N. T.]

os pensamentos arquipelágicos e os devaneios do Grande-Todo haviam unido o humano ao terrestre, ou ao cósmico. Podemos imaginar a retomada desse encontro, se ao menos não tivermos tanto medo do excesso místico. E essa é uma invariante.

Havemos de convir, diante da morosa saga de Chaka, tal como contada por Thomas Mofolo a partir das narrativas do povo zulu, que os heróis épicos são quase todos bastardos que se veem compelidos a fundar a sua própria legitimidade, mas que são quase todos derrotados em sua sucessão.[3] E essa é uma invariante.

Acompanhamos, como se seguíssemos o curso de um rio que se oferece e se esquiva, a forma como os mitos e as histórias ameríndias denotam que a terra nunca se torna propriedade, que não constitui um território, que as humanidades não são suas senhoras, que o ser humano é seu guardião, não seu soberano absoluto. (Recordamos que, quando perguntam aos lutadores tradicionais mongóis por que usam sapatos com os dedos erguidos à frente, à maneira das *poulaines* medievais ou das botas sarracenas, eles respondem: "É para não ferir a terra".) E essa é uma invariante.

Na primeira leitura, coletamos o material do mundo desordenadamente, em ondas, feito uma população de formigas desenfreadas. Essa é a leitura de quem vive na cidade, pessoas atoladas na agitação das ruas e nos mecanismos socialmente regulados de comunicação, transporte, trabalho e lazer. Leitura de inquietos que se entregam ao fluxo. Na segunda, nós nos isolamos do barulho do mundo, mas apenas para encontrar seu rastro ou sua invariante. Leitura de gente do campo, pessoas que sonham com

---

3. Considerado o mais importante escritor em língua sesoto, Thomas Mofolo concluiu em 1910 aquele que seria seu último romance, que acompanha a ascensão e queda do rei zulu Chaka (1787-1828). Porém *Chaka* só seria publicado em 1925 pelos missionários revivalistas da Societé des Missions Évangéliques de Paris, que não apenas atrasaram em quinze anos a publicação da obra, o que levou Mofolo a abandonar definitivamente a literatura, como também censuraram dois capítulos dedicados à história e às tradições zulus. A obra logo se disseminou amplamente, a partir de suas traduções para o inglês (*Chaka: An Historical Romance*, trad. F. H. Dutton. Londres: International African Institute, 1931), francês (*Shaka: Une épopée bantoue*, trad. Victor Ellenberger. Paris: Gallimard, 1940), alemão (*Chaka Zulu*, trad. Peter Sulzer. Zurique: Manesse, 1953) e afrikaans (*Tjhaka*, trad. Chris Swanepoel. Cidade do Cabo: Tafelberg, 1974). [N. T.]

uma cabana exposta ao vento de Le Morne-Rouge, ou com uma lareira, um fogo aberto, uma chaminé perdida em algum vilarejo, ou com uma conversa tão demorada sob o baobá enquanto o sol se põe lentamente, todos os lugares em que se possa ficar isolado ou se reunir por vontade expressa. Leitura de pessoas que refletem sobre sua linguagem, graves e intensas como a coruja da Grécia em seu voo crepuscular ou como o búfalo de Madagascar, que nenhuma colônia de sanguessugas é capaz de mover.

≈

Eis que surgem aqueles que, mesmo nos dias de hoje, nunca tiveram a chance de abrir um livro. Aqueles que só conhecem uma única temporada, a *temporada no inferno*.[4] Que só conseguem revelar a si mesmos uma única invariante, aquela que une em um nó indissolúvel a miséria, a opressão, o genocídio, as epidemias, as valas comuns e a exclusão. Aqueles que não conseguem distinguir nem escolher entre a condição de citadino e a de camponês, porque permanecem indefinidamente no descampado da vida. Aqueles que nada têm a temer das eventuais consequências devastadoras da tecnologia audiovisual ou da informática. Para quem o livro ainda é uma miragem e, quando existe, um milagre.

Pensando nisso, relembro um livro insubstituível, o abecedário de um grupo étnico andino, que desfia sobre o espesso papel marrom-avermelhado os elementos de uma língua sob ameaça de extinção, perdida no silêncio das montanhas, um livro humilde e imperioso em sua necessidade possivelmente já baldada. As grandes bibliotecas do mundo jamais poderão ser mantidas ou preservadas sem que se multipliquem as pequenas, entranhadas no chão fértil do planeta.

Também é verdade, como me foi dito, que a internet se apresenta como instrumento da preeminência das sociedades tecnológicas sobre todas as outras. Sob esse aspecto, ela pura e

---

4. No original, *une Saison en enfer*, incontornável alusão à obra de Arthur Rimbaud *Une Saison en enfer* (Paris: Alliance Typographique, 1873). [Ed. bras. *Uma temporada no inferno*, trad. Lêdo Ivo. Rio de Janeiro: Civilização Brasileira, 1957.] [N. T.]

simplesmente substituiu o livro. Nessa enorme crioulização de culturas que ela propicia e inaugura, as vozes dos menos favorecidos estão ausentes. É preciso rejeitar essa crioulização seletiva e, ao mesmo tempo, reconhecer que ela vem avançando.

Será que um dia seremos capazes de projetar os versos de Homero no espaço à nossa frente (tanto em grego quanto em tradução, para deixá-los ainda mais belos)? Provavelmente. Pelo menos para aqueles que dominam essas técnicas. Mas será que conseguiremos compor poemas, ilustrar uma língua crioula, urdir uma língua, nesse espaço em suspensão? Poderemos escrever ao vento, criar em movimento, fazer de uma isca ou de um avatar uma obra perseverante? Nosso apego aos livros parece nos dizer que não, mas nossa paixão pelo mundo nos garante que sim.

≈

Que possamos abrir este livro do mundo que há dentro de nós, seja ele tipográfico ou digital. É tarefa dos poetas nos convidar a fazer isso. Mas não o Livro de Mallarmé, absoluto e improvável, não a Medida da desmedida com a qual ele tão graciosamente sonhou, e sim a própria Desmedida, imprevisível e incompleta. Não precisamos temer o progresso irrefreável das novas tecnologias nem as mutações que provocam em nós.
Já posso ver o fluxo que cresce e a Relação que se forma.

Mas posso lhes garantir que acabei me deixando levar por ele. Quando o rumor do mundo nos arrebata, quando ondula ao nosso redor com tantos deciframentos difratados, com tantas agressões que mal reconhecemos, quando nos subjuga ou nos dispersa, mesmo assim sabemos que dentro de nós abrigamos este búfalo solitário, solidário e irrefreável.
É assim que o poeta, em seu poema, não imita imponderadamente a desmedida, ele não a reitera, ele agrega a ela a desmedida de seu texto, que é de outra ordem. É nesse momento que o ruído serena, sem deixar de se fazer presente.

Fiquemos à espreita do rumor.

Ele nos invade, internet que não se esgota e torrente que não seca, ele nos inunda com a sua trepidação, mas, esperem, vejam, ouçam, depois de ter nos preenchido com todas as alegrias e todas as misérias, ele se dissipa em nós e se perde, deixando-nos livres para abrir na página que quisermos o livro que escolhemos, ou traçar nesta folha de papel, que em breve será a página de um livro, a primeira palavra da poética com que sempre estivemos comprometidos, e então, esse rumor do mundo, como se fosse um livro que encerramos ou um poema que começamos a entoar, eis que ele parte para bem longe, eis que ele nos deixa, sem dúvida para buscar outros poemas, para juntar e designar outros lugares-comuns, outras invariantes, e para nós ele se esvai e, de forma tão bela, se extingue.

O que, reformulado em termos pedagógicos, para ser inserido, por exemplo, em um CD-ROM *dedicado ao livro, e somado ao que dissemos anteriormente sobre a escrita (ah, os prazeres da ruminação), resultaria no seguinte, que remete à alegria do lugar-comum:*

A leitura e a escrita hoje

É consenso considerar que o livro está ameaçado pelos avanços da tecnologia audiovisual. Não é de se duvidar que em breve estejamos equipados com dispositivos que projetarão no espaço ou nas paredes de nossos quartos os textos que gostaríamos de ler. Talvez possamos até colocar um capacete que nos permitirá entrar no mundo virtual e acompanhar ao vivo os episódios da Batalha de Waterloo, que marca o início de *A cartuxa de Parma*, ou adentrar a cela de Edmond Dantès na companhia do abade Faria e nos preparar para repetir por conta própria a fuga que dá início às aventuras de *O conde de Monte Cristo*.[1]

Os escritores de ficção científica imaginaram uma época em que os livros seriam abandonados nas bibliotecas, que se tornariam catedrais em desuso, e aqueles que continuassem a consultar essas obras curiosas seriam considerados excêntricos, ou então enfermos, que se reuniriam quase clandestinamente em lugares subterrâneos, à semelhança dos primeiros cristãos nas catacumbas, para folhear pressurosa e febrilmente uma edição original

---

1. Stendhal, *La Chartreuse de Parma*. Paris: Ambroise Dupont, 1841 [Ed. bras. *A cartuxa de Parma*. São Paulo: Penguin, 2012]. Alexandre Dumas, *Le Comte de Monte-Cristo*. Paris: Journal des Débats, 1844-1846 [Ed. bras. *O conde de Monte-Cristo*, trad. Herculano Villas-Boas. São Paulo: Martin Claret, 2017]. [N. T.]

de *Os cantos de Maldoror* ou uma coleção milagrosamente preservada de *La Petite Illustration*, um suplemento literário muito em voga na França e no império colonial francês na década de 1930.[2] De modo que o audiovisual teria aniquilado a leitura, tornando-a inútil, e assinado a sentença de morte do livro.

Pode-se dizer também que o livro e a tela do computador são complementares. O que o emprego do computador nos proporciona é um acúmulo vertiginoso de dados sobre o mundo e o meio mais rápido possível de correlacioná-los entre si. O conhecimento, de modo geral, e a ciência ou as ciências, de um modo mais específico e técnico, exigem esses novos meios. Nossas atividades de lazer, nossa busca por prazer e relaxamento serão transformadas por isso. O lugar-comum, tão banal, nos protege de nos perdermos diante do que é inédito.

Mas será que essa própria rapidez, tão preciosa que é, já não representaria uma carência? Em nosso convívio cada vez mais acelerado com a diversidade do mundo, precisamos de pausas, de momentos de contemplação, em que possamos nos afastar da enxurrada de informações que nos chega e começar a colocar em ordem nossos vagares. O livro é um desses momentos. Passados os momentos iniciais de excitação, de apetite bulímico pelos novos meios de conhecimento que a tecnologia da informática nos oferece, é desejável que haja um equilíbrio e que a leitura recupere sua função de estabilizadora e reguladora dos nossos desejos, aspirações e sonhos. O lugar-comum, como dito acima, geralmente nos permite lidar com os opostos e nos incentiva a conciliá-los.

Essa divisão de papéis se reflete na própria maneira como lemos hoje. O primeiro tipo de leitura nos intima, é rápida, cotidiana e quase inconsciente. Um cartaz publicitário na esquina, um

---

2. Comte de Lautréamont (pseudônimo de Isidore Lucien Ducasse), *Les Chants de Maldoror*. Bruxelas: Albert Lacroix, 1869 [Ed. bras. *Os cantos de Maldoror*, trad. Joaquim Brasil Fontes. Campinas: Unicamp, 2015]; *La Petite Illustration* era o suplemento literário do semanário parisiense *L'Illustration*, publicado de 1913 a 1939. [N. T.]

artigo de jornal, uma história de detetive, recortes de informações sobre o andamento do mundo: leitura entrecortada e precipitada, como se estivéssemos acessando uma internet que a todo vapor nos fornecesse uma sequência ofuscante de informações.

É um outro tipo de leitura, que praticamos de forma muito mais criteriosa, quando estamos em casa e temos tempo para escolher. E aí não existe o medo dos livros grossos de leitura demorada: *Guerra e paz*, *Em busca do tempo perdido* ou as *Vidas paralelas*.[3]

Não são os mesmos livros que nos acompanham no ônibus, no bonde ou nas vertiginosas viagens de táxi-da-terra.[4] Nós, que temos o hábito de ler, sabemos instintivamente como distribuir nossas leituras. Isso corresponde às duas maneiras como exercitamos nosso pensamento: em primeiro lugar, vivemos o mundo estando nele, mesmo que às vezes sejamos atropelados por sua complexidade e velocidade; em segundo lugar, refletimos sobre nossa relação com o mundo, suas transformações fora e dentro de nós e sobre o futuro que nele nos aguarda. No primeiro caso, não dissociamos nossa leitura de nossos afazeres diários; estamos na incessante internet da vida. No segundo caso, nós nos isolamos, buscamos o silêncio e a concentração de alguém que medita sobre seu futuro, estamos na persistência e no lento labor do livro. Trata-se de preconceito (a literatura "boa" e a "ruim") ou de uma divisão necessária?

Essas mesmas considerações se aplicam à prática da escrita. Escrever hoje não envolve apenas contar histórias para divertir, emocionar ou causar impacto; talvez implique, acima de tudo,

---

3. Liev Tolstoi, *Война и мир*. Moscou: Русский вестник, 1865 [Ed. bras. *Guerra e paz*, trad. Rubens Figueiredo. São Paulo: Companhia das Letras, 2017]. Marcel Proust, *À la recherche du temps perdu*. Paris: Bernard Grasset (vol. 1) e Gallimard (vols. 2 a 7), 1913-1927 [Ed. bras. *Em busca do tempo perdido*, trad. Mário Quintana (vols. 1 a 4), Manuel Bandeira e Lourdes Sousa de Alencar (vol. 5), Carlos Drummond de Andrade (vol. 6) e Lúcia Miguel Pereira (vol. 7). Porto Alegre: Globo, 1948-1957]. A tradução brasileira de *Βίοι Παράλληλοι* de Plutarco foi publicada em quinze volumes com o título *Vidas dos homens ilustres de Plutarco*, trad. Aristides da Silveira Lobo. São Paulo: Américas, 1951. [N. T.]

4. *Taxis-pays*, caminhões convertidos em transporte coletivo, utilizados nas linhas que conectam as cidades da Martinica. [N. T.]

buscar o elo em que possamos no fiar, ligando a louca diversidade do mundo àquilo que desejamos em nós mesmos em termos de equilíbrio e conhecimento. Esse mundo está presente em nossa consciência ou em nosso inconsciente, um Todo-Mundo, e, seja lá o que dissermos, ele nos interpela cada vez mais a cada dia, e é contra ele que precisamos pôr à prova a nossa envergadura. Autores e artistas nos convocam a essa tarefa. Seu trabalho tem a marca dessa vocação.

Manter-se sensível à totalidade do mundo e ao que dela surgiu na modernidade. Por exemplo, o conhecimento ou o anseio por outras culturas e civilizações, que complementam a nossa. A importância das técnicas orais, que permeiam a prática da escrita. A presença das línguas do mundo, que influenciam e mudam a maneira como cada um utiliza a própria língua. Um magma de possibilidades para o artista e o autor, em meio ao qual é a um só tempo instigante e difícil escolher o caminho e preservar o esforço criativo.

A diversidade faz com que o escritor abandone progressivamente a antiga divisão em gêneros literários, que outrora contribuiu para o surgimento de tantas obras-primas no romance, no ensaio, na poesia e no teatro. A explosão dessa diversidade e o rápido desenvolvimento das técnicas audiovisuais e informáticas abriram o campo para uma variedade infinita de gêneros possíveis, dos quais sequer temos ainda uma ideia precisa. Os leitores (nos países em que se tem o hábito de ler) gostam cada vez mais dessas misturas de gêneros: romances que são tratados de história, biografias que, sem deixar de ser precisas e meticulosas, aproximam-se de romances, tratados de ciências naturais, astrofísicas ou marinhas que são lidos como poemas, meditações ou relatos de aventuras. Ao mesmo tempo, as poéticas que surgiram em todo o mundo vêm expansivamente reinventando os gêneros, misturando-os sem o menor constrangimento.

Escrevemos, hoje em dia, tal como lemos, e vice-versa. De um jeito furiosamente dinâmico e acelerado, em sintonia com toda esta pulsação do mundo e com o impulso das tecnologias da atualidade que nos arrastam em seu fluxo irrefreável. E talvez, então, o escritor represente um provedor das torrentes da internet. Preparamos também, em apresentações orais geralmente apressadas, incompletas em relação à nossa intenção, proferidas nos mais diversos lugares, em datas que logo se confundem, e como se fossem rodadas de sondagem ou testes de lançamento ou recortes topográficos, coisas que mais tarde organizaremos no papel de forma reservada, quando, sem deixarmos de participar do movimento mais amplo, quisermos ficar sós, exatamente como o leitor que se isola. E é aí que o autor demonstra toda a paciência de que pode dispor em seu trabalho, porque tem à sua frente o livro que deverá concluir e que não tem como imaginar que um dia possa se tornar dispensável para a humanidade.

Chamo de Todo-Mundo este nosso universo, na medida em que se transforma e se perpetua na transformação, e, ao mesmo tempo, a "visão" que temos dele. A totalidade-mundo em sua diversidade física e nas representações que nos inspira: a ponto de já não sermos capazes de cantar, falar ou trabalhar sujeitos unicamente a partir de nosso próprio lugar, sem mergulhar no imaginário dessa totalidade. Os poetas sempre se deram conta disso. Mas foram amaldiçoados, os do Ocidente, por não terem se submetido, em sua época, à exclusividade do espaço local, quando esse era o único padrão exigido. Amaldiçoados também porque perceberam que seu sonho de mundo prenunciava ou acompanhava a Conquista. A conjunção das histórias dos povos oferece aos poetas de hoje um novo caminho. Embora esteja patente na opressão e na exploração dos mais fracos pelos poderosos, a globalidade também pode ser reconhecida e vivenciada pelas vias poéticas, muito além de qualquer generalização.

É o rizoma de todos os lugares que gera totalidade, não uma uniformidade locativa de onde já nos tivéssemos evaporado. Não criemos, porém, a nossa terra, a nossa parte da Terra, como um território (do absoluto) a partir de onde nos julgamos autorizados a conquistar os espaços do mundo. Todos sabemos que as forças opressivas nos miram de todos os lugares e de lugar nenhum, que elas corrompem na surdina a nossa realidade, que a governam sem que saibamos de onde nem como. Mas ao menos já temos como lhes contrapor o fulgor da Relação, que nos permite rechaçar a redução a um só lugar ou sua conversão em um Centro encerrado em si mesmo. A todo instante, cada um de nós reinicia um Tratado do Todo-Mundo. Há cem trilhões destes, brotando por toda parte. Cada um deles é diferente conforme a fermentação e o adubo. Em vez de Guadalupe ou Valparaíso, você parte da Ilha de Baffin ou do território de Sumatra ou do Castelo de Monrepos e entra no primeiro beco depois dos Correios, ou, se o lodo ao seu redor já se tiver decomposto, você parte de um traço que imaginou no espaço, e aí você sobe pela ladeira dessa ciência. Invoco uma vez mais o pintor [Roberto] Matta: *Toda história é redonda como a Terra. Não ocidentemos mais até o fim, tratemos de nos orientar.*

Que o ente seja relação e seja quem permeia. Que as culturas humanas se transformem ao perdurar, mudando sem se perder: que isso se torne possível. Eu sou esta terra de mangue no Lamentin, na Martinica, onde cresci, e, ao mesmo tempo, por uma infinita e imperceptível presença, que nada conquista do Outro, sou esta margem do Nilo, onde os juncos se tornam bagaço, tal como a cana-de-açúcar. A estética da Relação anacroniza as ilusões do exotismo, que a tudo uniformizava.

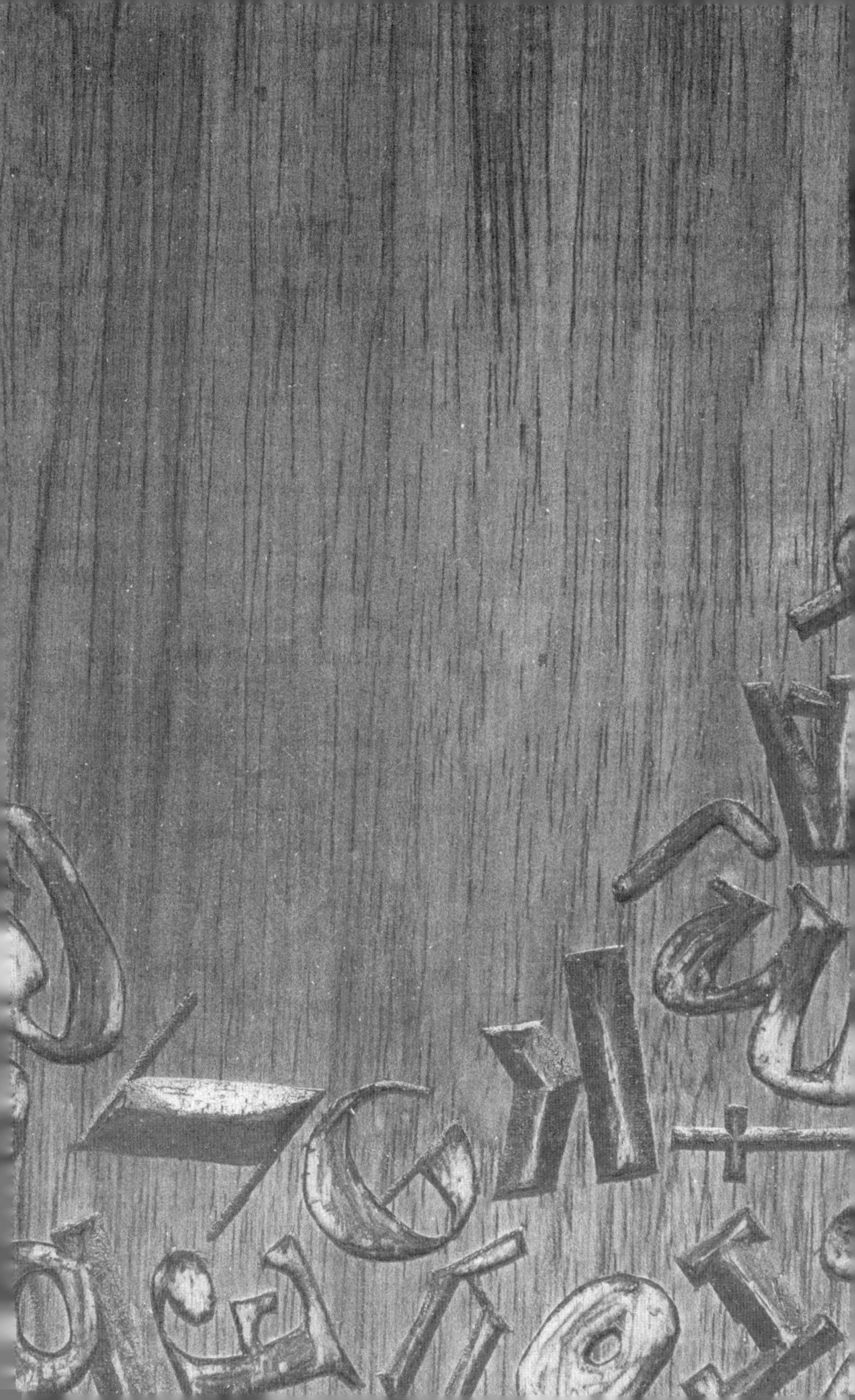

PONTUAÇÕES

Em meio a tantas crises que são o preço fatal da coesão, em meio a tantas guerras em que o Um foi confrontado por suas próprias encarnações demasiado humanas, o Mediterrâneo se refaz em arquipélago, voltando a ser o que talvez já fosse antes de cair nas garras da História. O Oceano Pacífico e o Caribe sempre foram mares arquipelágicos. Os continentes, essas massas de intolerância rigidamente prostradas na direção de uma Verdade, à medida que se reagrupam em entidades ou se confederam em mercados comuns, também se tornam arquipélagos de regiões. As regiões do mundo estão se tornando ilhas, istmos, penínsulas, pontais, terras de mistura e passagem, e que ainda assim se mantêm.

Jacques Berque e as literaturas

Por perplexos que estejamos, havemos de convir que hoje em dia há uma abertura do discurso para a dimensão-mundo e que o objeto mais elevado da literatura é precisamente essa totalidade-mundo.

A abertura não implica a diluição da voz em um vago Universal, nem um modo de não estar em lugar nenhum, nem uma suspensão para o ente, um suspense existencial, nem uma rasura penosa ou desgastante.

O que vemos e vivenciamos é que o lugar de onde proferimos a palavra, de onde se ergue nossa voz, é tanto mais propício aos seus sotaques por se haver colocado em Relação, por ter aberto seu conteúdo, questionado seus limites, tê-los tirado do eixo.

Com isso, o poema forma a trama entre a densidade do lugar e a multiplicidade do diverso, entre o que aqui se diz e o que lá se ouve. É um dos embates da abordagem literária ter de consultar o imprevisível do mundo e aquilo que não está dado, a própria matéria, frágil mas persistente, do nosso presente, do nosso entorno.

É um trajeto errante, do lugar à totalidade e vice-versa. A obra não sai para o mundo sem retornar à sua fonte. Essas idas e vindas compõem sua verdadeira parábola. E Jacques Berque nos ensinou isso toda vez que precisou condensar seu trabalho, esboçar suas linhas gerais, suas conclusões.[1] Quer se trate do islã, do mundo árabe, do Ocidente ou dos povos que se diziam do Terceiro Mundo, suas análises detalhadas nunca se afastam de

---

[1]. Jacques Augustin Berque (1910-1995), sociólogo, historiador e linguista franco-argelino que dedicou sua obra ao processo de resistência anticolonial e à descolonização no Norte da África, ressaltando o papel das vertentes locais da religião muçulmana nas reconfigurações modernas das sociedades magrebinas. [N. T.]

uma visão global: combinadas, elas permitem estudar o episódio de cada dia e projetar a obra do amanhã. Sua abordagem do Outro sempre se deu *dentro* de uma perspectiva de solidariedade com o mundo.

Também percebi (e ele mesmo mencionou isso) que todas as vezes que nos encontramos foi para partilhar um abalo, por ínfimo ou patente que fosse, de ordem física, social ou política, da totalidade da Terra. Certa vez, foi em Florença, quando o candidato católico de esquerda, Giorgio La Pira, acabara de ser eleito prefeito. Outra vez em Argel, no dia da Proclamação da República Argelina. Outra vez ainda, foi em casa, na Martinica, quando um ciclone estava prestes a passar por cima das nossas cabeças e sorvíamos na janela o aroma de chumbo, antecipando todas aquelas nuvens que nos sitiavam do céu. Lugares diferentes, mas cingidos pela mesma preocupação, regidos pela mesma esperança. A esperança de um avanço futuro, a ameaça de uma desmedida irrefreável.

É como se todos nós tivéssemos de repetir, nos percalços da nossa existência, este lugar-comum da vida intelectual e criativa do nosso tempo: percorrer o imaginário do mundo para entrar na discussão do nosso entorno, ou vice-versa.

Se a raiz plural estiver ausente, somos lançados num espaço infértil; mas, se a raiz se confina ou se alonga, ficamos cegos para nós mesmos e para o mundo.

Se Jacques Berque se dedicou tanto ao islã, ao mundo árabe e aos países colonizados, foi também para refletir sobre suas próprias necessidades. Ele via no islã a racionalidade, mas também a mística. Qual a implicação disso, afinal, senão que ele considerava que a toda conceitualização corresponde uma poética? Da mesma forma como explicou, nas matérias que estudava, o encontro muitas vezes conflituoso, mas sempre enriquecedor, entre oralidade e escrita, no campo dual da língua árabe, por exemplo, mas também no contexto da modernidade.² São todas questões que estão no centro das literaturas contemporâneas. Na França, ele foi um dos primeiros a ensinar isso, sem alarde, sem manifesto, com retidão e clareza.

Clareza essa que, tanto na estrutura quanto na expressão do pensamento, se aproxima do que se poderia chamar de humanismo. Clareza essa que é eternamente questionadora. É a clareza do pioneiro, do desbravador, do lavrador. E, como tal, vem a reboque de um apetite pelo desafio e pelo mistério, de uma atenção irrequieta àquilo que jaz sob a superfície do real, de uma aproximação ao incompreensível, ao inefável.

O que em nada compromete a clareza.

≈

Arguto investigador dos contrastes do mundo, sensível à sua diversidade e ávido por evidenciar suas convergências, Jacques Berque foi o prefaciador por excelência das literaturas dos povos do nosso tempo.

---

2. O árabe se caracteriza por um duplo grau de diglossia em praticamente todos os contextos em que é falado, com a clivagem de registros entre o árabe clássico (de matriz corânica) e o árabe padrão moderno, mas também com as distâncias abissais de status sociolinguístico entre os padrões escritos e a miríade de variantes locais faladas, que se espraiam muito além dos limites da inteligibilidade mútua. [N. T.]

A matéria africana

Cerimonial e suntuosa, a poesia de Léopold Sédar Senghor nos conduz à cadência do verso, onde podemos recuperar o fôlego, mas não se deve esquecer que ela também cumpriu uma função, a um só tempo humilde e orgulhosa, regida pelo escriba ou pelo copista, por meio da qual a matéria africana adentrou o conhecimento e a sensibilidade do início do século xx.

Seguramente não se trata da ciência fulgurante, da divinação pelos lampejos celestes, que era praticada ao pé da letra pelos romanos e que os poetas malditos Arthur Rimbaud e Antonin Artaud reinstituíram por escrito, mas da paciente inquirição de toda uma realidade que bate às portas do mundo, às múltiplas janelas que subitamente se abriram para nossas modernidades compartilhadas.

≈

Um repertório solene. A transfiguração, a oferenda de todo um universo, o das culturas da África negra subsaariana, até então mantidas na complacência que as forças de opressão lhes dispensavam para melhor administrar suas impudentes transgressões.

O escriba não é um clérigo de mãos impávidas e coração seco, e a poesia jamais renega uma tarefa enciclopédica como essa, digna de seu desígnio mais recôndito, a tarefa de coleta e compilação dos dados, por meio da qual nos aproxima da diversidade do mundo, que nos é tão necessária. O poema é uma das matrizes alquímicas do real.

O copista não é o imitador impassível, que jamais se distanciaria do modelo que adotou para si mesmo e cuja mão preencheria com tons monocromáticos os contornos do desenho feito por outros. Muito já se especulou acerca de Léopold Sédar Senghor ter se deixado imobilizar pela inspiração católica: uma espécie de paralisia diante da "estátua do Comandante"[1] que teria sido para ele [Paul] Claudel, por exemplo. Mas seu modelo é africano e, por trás da solenidade das formas, as cores variam ao sabor do movimento dos rios e dos avanços da selva nas terras negras.

≈

Na obra de Senghor, encontramos este bestiário sagrado, que subitamente escapa às convenções do exotismo: os répteis do Terceiro Dia, as aves-trombetas,[2] os macacos com alarido de címbalo. Animais que pressagiam e que cantam, nesse dia da Anunciação. Eles são vistos e estimados pelo olhar da memória, da tradição e da lenda íntima, pelo olhar que interpreta.

Animais e também árvores que avidamente se encontram com os de Victor Segalen e de Saint-John Perse, cruzando espaços ainda desconhecidos e jamais conjugados.

Exploremos a geografia assim recriada, que já não é apenas presa de descobridores e conquistadores, mas também o lugar terno dos amantes, a árdua faina do trabalho, a interjeição da dor e do júbilo, que se somam à realidade. A colonização não varreu tudo em seu desdém.

[arroio] É comovente encontrar o *kori*, que nos é dito consistir em "uma tênue faixa de vegetação que, no deserto, acompanha o desenho do leito de um rio, geralmente seco", ou correr ao longo do

---

1. Expressão de imponência ou intimidação, em alusão à figura ameaçadora que assoma sobre o protagonista, assumindo a forma do "convidado de pedra", tanto no *Dom Juan ou Le Festin de pierre*, de Molière (1665), quanto no texto que o inspirou, *El Burlador de Sevilla y convidado de piedra*, de Tirso de Molina (1630). [N. T.]
2. *Psophia crepitans*, também chamado de jacamim ou agami, tem um chamado grave e ruidoso, capaz de ser ouvido a grandes distâncias. [N. T.]

tann, "terra plana recoberta pelo mar ou uma enseada em época [apecum] de maré viva". Carregamos dentro de nós nossos *koris*, a memória da prosperidade passada, e nossos *tanns*, a promessa de fervor futuro. Essa geografia do poeta anuncia a partilha e a Relação.

≈

Para que aprendamos, tanto com o registro dos instrumentos artísticos quanto com o catálogo das ferramentas cotidianas. Nesta primeira metade do século, surgem diante nós – ofertados e oficiantes – estes objetos que haveriam de se tornar tão familiares aos amantes da música: a corá e o balafom, assim como o *khalam*, [ou *xalam*, ou ainda *halam*] mais reservado, "uma espécie de alaúde de quatro cordas, que é o acompanhamento habitual para a elegia".

≈

África! África! Terra do tumulto e da devastação colonial, mas, ao mesmo tempo, terra da elegia, do *sabar* e do *mbalakh*, e do *woy*, canção ou poema que o humanista Senghor descreveu como "a tradução exata da ode grega".[3]

Podemos até não aderir de bom grado à imagem do negro greco-latino, mas, no fim das contas, não apreciamos o fato de que Senghor, filho de culturas de prestígio e antiquíssimas, esteja tentando compartilhar com o *homo occidentalis* algo daquilo que de mais profundo este último foi capaz de externar? Negaremos ao *woy* seu parentesco com a ode, e vice-versa?

No regaço desses poemas, aflora toda uma humanidade.

---

3. *Sabar* se refere tanto ao tambor tradicional típico do Senegal, da Gâmbia e do sul da Mauritânia, quanto ao estilo musical que ficou associado a ele; *mbalakh, ou mbalax*, é considerada a dança popular do Senegal e da Gâmbia, compreendendo a fusão da base rítmica do *sabar* com elementos derivados da influência da música popular de outras regiões africanas e da diáspora; *woy*, literalmente "cantar" em wolof, recobre semanticamente todo o espectro de canto, récita, declamação e narrativa. [N. T.]

Samana Ban Ana Baâ, por exemplo, que é antes de mais nada um brincalhão, e Koli Satiguy, um homem santo, ou Abou Moussa, mais que tudo um usurpador.
Os nomes africanos agora ecoam sua genealogia na canção do mundo.

Bestiário, relação de parentesco, catálogo, manual de botânica, planisfério e portulano das terras senegalesas, o mundo poético de Senghor, muito mais do que pode parecer à primeira vista, abriu caminho para romancistas e cineastas que exploraram a realidade dessa parte da África e identificaram suas verdadeiras riquezas.

≈

Um mundo apinhado de apóstrofos, pontuado pela sagrada informalidade dos textos fundamentais, e onde a fala é verdadeiramente a irmã mais velha da escrita. A obra de Senghor é uma das primeiras em que a antiga desenvoltura do verbo africano, solene e jocoso, bufo ou trágico, passou a informar a presença austera do poema escrito.

Não cabe a mim destacar que a atuação do político, do homem de reflexão e ação, suscitou objeções e críticas: caberá à própria população do Senegal medir o fosso que se abriu entre Senghor e ela, e calcular a distância entre a Casamansa e a Normandia, terra adotiva do poeta, e dizer se essa distância é significativa ou não.

Fico contente que a calma insurreição da palavra senghoriana tenha, desde o início, acompanhado de perto outra exaltação, a de Aimé Césaire, e que a mesma novidade do mundo irrompa por meio destas duas hipóstases da Negritude: o homem da fonte africana e o homem da diáspora.

A fonte se fez ilustrar em outras paragens, e a África verteu nas Américas, após o holocausto do tráfico escravagista. As Imensas

Águas do Oceano traçaram o assombroso hífen entre os continentes. A permanência desembocou na diversidade. Não é isso que descobrimos em Senghor, quando ele nos confidencia, como em um sussurro: "Meu coração é sempre errante, e o mar, sem limites". Fico contente também em lembrar, ainda que brevemente, que outro intelectual senegalês, Alioune Diop, se dedicou a elencar, na revista *Présence africaine*, as mesmas particularidades concretas e marcantes do país negro que a poesia de Senghor havia indicado. As mesmas *Présence africaine* e *La Société africaine de culture* com que colaboraram Senghor, Richard Wright, Cheik Anta Diop, Aimé Césaire, Frantz Fanon, Jacques Rabemananjara e tantos outros.

Façamos coro com o bardo que ali vemos, sereno e impassível. Sua voz, todavia, vibra com o alvoroço de sua terra natal.

A globalização, concebida como um não lugar, acarretaria na verdade uma diluição padronizada. Mas, para cada um de nós, o rastro que vai do nosso próprio lugar até o mundo, e volta, e vai de novo para novamente retornar é o que indica a única permanência. O mundo em sua totalidade consumada não pode ser considerado como razão suficiente, uma generalidade a engendrar sua própria generalização. A trama do mundo é animada por todas as particularidades, quantificadas; de todos os lugares, reconhecidos. A totalidade não é o que disseram ser o universal. É a quantidade finita e realizada do infinito detalhamento do real. E que, sendo detalhe, não é totalitário.

A terra e o território[1]

A "realização" da totalidade-terra mudou a maneira como cada comunidade humana percebe ou imagina a "sua" terra. As fronteiras físicas das nações tornaram-se permeáveis aos intercâmbios culturais e intelectuais, às miscigenações das sensibilidades, de modo que o Estado-nação não é mais suficiente para impedir a partir de dentro o relacionamento de cada indivíduo com *a terra*.

Isso não provoca uma diluição da nacionalidade, mas uma redução dos nacionalismos, apesar dos atuais desatinos que, por todo o mundo, representam o indício veemente de um retorno da repressão nacionalista.

A Poética da Relação nos permite abordar a diferença entre uma terra, que remetemos a outro lugar, e um território, cujas portas fechamos ao vento que sopra. A modernidade oscila em excesso entre esses opostos da nossa ocupação do espaço.

Resumo do pronunciamento feito no evento

Chamo de crioulização o encontro, a interferência, o choque, as harmonias e desarmonias entre as culturas, na totalidade realizada do mundo-terra.

Suas características seriam:

- a velocidade vertiginosa das interações implicadas;
- a "consciência da consciência" que temos do processo;

---

[1]. Esboço da comunicação proferida no Simpósio sobre a Modernidade realizado na Universidade de Tóquio em novembro de 1996.

- a intervalorização resultante e que torna necessário que cada um de nós reavalie por si mesmo os componentes colocados em contato (a crioulização não pressupõe uma hierarquia de valores);
- a imprevisibilidade dos resultados (a crioulização não se limita à miscigenação, cujas sínteses podem ser previstas).

Os exemplos de crioulização são inesgotáveis, e podemos ver que eles tomaram forma e se desenvolveram em configurações arquipelágicas muito mais do que em contextos continentais. Minha hipótese é que atualmente o mundo inteiro está se arquipelagizando e crioulizando.

Nessas circunstâncias, há que se distinguir entre duas formas de cultura:

- aquelas que eu chamaria de atávicas, cuja crioulização ocorreu há muito tempo, se é que ocorreu, e que, nesse meio tempo, se municiaram com um conjunto de narrativas míticas destinadas a garantir a legitimidade de seu relacionamento com a terra que ocupam. Essas narrativas míticas costumam assumir a forma de uma Criação do Mundo, de um Gênesis;
- aquelas que eu chamaria de culturas compósitas, cuja crioulização ocorre, por assim dizer, diante de nossos olhos. Essas culturas não geram uma Criação do Mundo, elas não contemplam o mito fundador de um Gênesis. Seus primórdios procedem daquilo que chamo de digênese.

É possível perceber que as culturas compósitas tendem a se tornar atávicas, isto é, a invocar uma perenidade, uma respeitabilidade com o passar do tempo, algo que parece imprescindível para que qualquer cultura se sinta segura de si mesma e tenha a audácia e o vigor para se afirmar. Em geral, isso se faz sob a pressão dos imperativos de sua libertação (em vista do fato de que quase todas essas culturas foram submetidas à colonização, fosse ela violenta ou "gentil"), o que exige a ardente certeza de ser ela mesma e não outra qualquer.

As culturas atávicas, por sua vez, tendem a se decompor, a se crioulizar, em outras palavras, a questionar (ou a defender de forma dramática) sua própria legitimidade. Fazem isso sob a pressão da crioulização generalizada, que, como dissemos, afeta a totalidade-terra.

Em decorrência disso, surgiram duas concepções de identidade, que tentei definir com base na imagem da raiz única e do rizoma, concebida por Deleuze e Guattari.

Uma concepção sublime e fatal, que as culturas da Europa e do Ocidente difundiram pelo mundo, da identidade como raiz única e exclusiva do Outro. A raiz única que se enterra numa terra que então se torna território.

E uma noção que hoje em dia é "real" em toda cultura compósita, da identidade como um rizoma, que se lança ao encontro de outras raízes. E é assim que o território volta a se tornar terra.

Entre os mitos que pavimentaram o caminho para a consciência da História, os mitos fundadores tiveram o papel de consagrar a presença de uma comunidade em sua própria terra, vinculando essa presença a um Gênesis por intermédio da filiação legítima e sem descontinuidade. É isso que determina seu caráter atávico.

O mito fundador reafirma obscuramente a continuidade ininterrupta dessa filiação, do Gênesis em diante, e a partir daí autoriza a comunidade em questão a considerar a terra em que vive, convertida em território, como *absolutamente* sua.

Por extensão dessa legitimidade, acontece que, passando do mito à consciência histórica, a comunidade considera que lhe cabe o direito de expandir os limites desse território. Tem sido essa a "legitimidade" de toda e qualquer colonização.

Enquanto a totalidade-terra não havia sido alcançada, enquanto ainda havia terras a serem descobertas, algum vazio a ser preenchido, esse ímpeto de expandir um determinado território assomava como uma espécie de necessidade ontológica para os povos e culturas que se julgavam incumbidos de descobrir e dominar o mundo, e que assim o fizeram.

Na totalidade-terra fisicamente consumada dos dias de hoje, em que a crioulização substituiu o impulso de expansão e de legitimação da conquista, a Poética da Relação nos permite abordar a diferença entre uma terra (o *locus* inescapável de todo ente) e um território (a invocação ritual, mas doravante infértil, do Ser).

A modernidade neste caso seria o jogo, jogado reiteradamente, em torno dessa diferença e dessa mutação.

Roche

Este é o momento em que a fala se torna o seu próprio lugar. Ou seja, ela assume a si mesma como objeto, não por complacência, nem por se ver desenraizada de seu entorno, mas porque busca verificar, entre todos os lugares possíveis do mundo, se não há uma invariância, um lugar dos lugares, não um consenso nem uma generalidade, mas um traço que persiste. Um traço que manteria viva a vigilância, o humor e os embates do pensamento.

A escrita de Maurice Roche é assim. E se acerca desse lugar dos lugares por meio do sofrimento, da solidão e do escárnio salutar, em face da tolice e do descaso das nossas sociedades humanas. Por meio do riso, o mais discreto de todos. A obra não trabalha com o lugar-comum no sentido renovado que demos a essa expressão: um encontro dos pensamentos divinatórios do mundo; ela remete o lugar-comum à sua triste condição de revelador da estupidez. E adorna a coisa, revolve-a, vira-a e revira-a, até entrarmos em vertigem. Acho que uma das virtudes dessa escrita é que, por meio de simplicidades encenadas e desvirtuadas, ela infalivelmente nos predispõe a essa vertigem que nos remete à desmedida do mundo. "Não estou passando bem" é um lugar-comum do tipo mais corriqueiro, e "Não estou passando bem, mas tenho que passar por isso" (o título de um dos romances de Roche)[1] já é uma introdução à cadência oscilante de um deslocamento de sentido. Uma escrita que dança.

---

1. Maurice Roche, *Je ne vais pas bien, mais il faut que j'y aille*. Paris: Seuil, 1987. [N. T.]

Compact nos oferece dela a primeira partitura.[2] Fazendo coro com outro lugar-comum do nosso tempo (da moda ou em voga), diríamos que se trata de uma obra cult: um daqueles espaços raros, ao mesmo tempo secretos e públicos, em que vemos confirmado o que supúnhamos ser indizível na massa de todas as coisas. Mas é o que dizemos a respeito de tantas obras cujo único efeito, porém, é ratificar as convenções (mais elementares) de nossas pulsões coletivas. *Compact* é de outra ordem: o livro resiste.

Ele foi escrito em cores, *literalmente*. Como disse outro poeta, "a vida precisa de todas as cores". Não tínhamos consciência dessa intenção poética, já que as primeiras edições do livro eram monocromáticas e clássicas, embora o *layout* difratado e os jogos dispersivos dos personagens já nos indicassem que havia ali um campo de tramas, um frouxo enlace de estruturas: uma forma diversa de praticar a escrita: "Uma textura de sinais, de cicatrizes, um tecido tátil a se decompor..."

O "objeto" do romance é tão simples quanto complexo (ou seja, total): um homem está combalido (estará agonizando? despertando?) em seu quarto, ou em qualquer outro lugar solitário, um quarto de hospital, uma sala de cirurgia, e fica cego, e fantasia o mundo, ou então o compreende. "Perde-se o sono ao perder a visão." – "Ao perder a visão se perde o sono." Ver de verdade.

A beleza da nova edição em cores de *Compact*, publicada pela Tristram,[3] faz parecer que fomos, já de saída, favorecidos por uma leitura mais elementar, mais rápida – seguimos o traçado de uma cor, como se costuma dizer nos aviões para que sigamos, em caso de acidente, o traçado fosforescente no chão –, mas logo percebemos que essa simplicidade servia de máscara: o mistério dessa palavra permanece, à medida que nos persuade – e isso é o mais importante – de que dela participamos todos e "em tudo".

O leitor astuto rapidamente descobre a satisfação de adentrar essas colorações do texto e de as particularizar. A título de

---

2. Maurice Roche, *Compact*. Paris: Seuil, 1966. [N. T.]
3. Maurice Roche, *Compact*. Paris: Tristram, 1997. [N. T.]

exemplo, posso afirmar que todos os tons de um romance, do sentimental ao documental, da apóstrofe à confidência, do realismo ao simbolismo, estão em jogo ali. E creio que os captei graças a uma organização que julgo ter decifrado: as cores estão ordenadas, ou melhor, desordenadas, em função da tabela dos pronomes pessoais.

A cor verde:	*o eu.*
O *preto:*	*tu.*
O *laranja claro:*	*ele.*
O *marrom claro:*	*nós.*
O *branco sobre o fundo preto:*	*vós,*

aos quais se somam o *azul* de qualquer situação descrita, ali onde o real é capturado na fulgurante trama de sua percepção, e o *vermelho,* que corresponde à impessoalidade do pronome *on*: que opera na língua francesa ao mesmo tempo como eu, tu, ele, nós e vós. O *on* do discurso trágico. O *on* das cartas anônimas e das ideias de segunda mão. O *on* do mundo perturbado e perseguido. [*idées reçues*]

E é isso. Agora já sabemos como funciona. Podemos ler "de modo linear", seguindo uma das cores de uma ponta à outra do livro. Haveria ali séries inteiras de significados, que simplesmente se fundiriam no momento em que uma cor (um pronome, um tom, uma situação) substituísse a outra, interrompendo seu curso para retomá-lo mais adiante. Mal temos oportunidade de nos interrogarmos sobre o simbolismo na escolha e na alocação das cores: por que o verde corresponde ao eu, por que os caracteres tipográficos "comuns" (em preto) são reservados ao tu, que é um eu que mais comumente se questiona e se subestima? Ou será que foram as exigências impostas pela gráfica que definiram essas atribuições? Uma leitura astuta, econômica (tudo isso era fácil de perceber), mas também vaidosa.

Pois rapidamente chegam os momentos em que o verde confronta o azul, por exemplo, e o preto irrompe na massa de marrom-claro, como uma ilha vulcânica em um mar de lava esmaecida: isto é, nas articulações internas do texto total. E não é algo linear como se pensava. É imprescindível o gosto por uma outra leitura. O azul contamina o verde, o laranja-claro leva o preto aos seus derradeiros excessos, e nunca se sabe como reagirão todos eles a essa tessitura que os compele e liberta ao mesmo tempo. A palavra opera sobre si mesma, emergindo a cada vez de sua própria parturição, de sua própria contradição, de sua Relação interna, da enorme duração consolidada a partir de tantas dispersões reveladoras. A massa resultante é um Todo-Mundo vertiginoso que nos contempla. "Somos a soma disso tudo."[4]

A coisa não era tão simples assim, e nossas leituras lineares (uma leitura vermelha, uma leitura azul) eram ingênuas e enganosas. Ali, aprendemos a ler aos arquejos, invocando alento, inalando todo o ar ao nosso redor, e não posso deixar de lembrar a prosa de Michel Leiris, reconhecidamente ordenada numa trama evidente, enquanto Maurice Roche se obstina em preservar a cesura no tecido.

Eles têm muito em comum, apesar das retóricas antagônicas. A paixão pela geometria pura, pelo plano, pela projeção de linhas retas entre as estrelas do céu. Por conseguinte, a propensão a um pensamento ou a uma sensibilidade voltada para o áspero, o preciso, o não lírico, materiais que formam a base segura para outra forma de diversão, outro tipo de vertigem. E há ainda o jogo de palavras, que introduz a difração na unidade do sentido. [or aux rats] À homofonia de *Aurora* e do ouro aos ratos de Leiris corresponde [*douleur, doux leurre, d'où l'heure*] um desgosto, doce engodo, donde o ensejo, que não é menos perturbador ou contagiante. Para a doença e a morte, nunca é (sempre é) o momento.

≈

Toda a História, todas as histórias, todas as línguas, todos os lugares-comuns, o francês antigo, as gírias, as sumas, a era da oratória, a partitura musical, os provérbios, as receitas de quase

---

4. Maurice Roche, *Compact*. Paris: Seuil, 1966, p. 20. [N. T.]

tudo o que existe, tudo foi construído ou imaginado, os manuais de instrução, os gráficos, o latim e o grego, os ideogramas chineses e japoneses, bem como a leitura favorável, os compêndios de textos (que não equivalem às sumas) e as bulas farmacêuticas – tudo isso foi se amontoando em formação ordenada, como no *scrum* do rúgbi, para então se alastrar e nos invadir a nós, leitores, um a um. "E – *regressus ad originem* para coincidir com a cosmogonia – retrocedia na linha do tempo."[5]

≈

"Quanto mais o mundo se alarga, mais nos sentimos espremidos."[6] Na verdade, não, meu caro Maurice Roche, não espremidos: frágeis, inseguros e ameaçados, e talvez um pouco desesperados com tantas armadilhas no mundo, mas lúcidos até onde podemos. Prova disso é o *Compact*. O livro reuniu para nós os elementos dispersos, as rasuras (a escrita como um arranhar obstinado), os desvios mais salutares e tudo o que haverá de música, doença e morte nos livros futuros, uma poeira inesgotável. Mas que se funde em granito, em lava eriçada. Como um totem, humanidade devastada, esculpe sua sombra na pedra, como uma língua é inventada naquela língua, como um mundo. Arrebentado, serpenteante, cintilando suas cores, dispersando sua matéria, e ao mesmo tempo completo e compacto. Como rocha. Parece que Maurice Roche meticulosamente inventa tudo aquilo que proclamamos na exaltação e no arrebatamento do pensamento-mundo, sob as rasuras acumuladas com as quais ele se empenha e cujo conjunto in(tro)duz – em seus termos lapidares – esse campo energético. Para todos nós, que possivelmente tenhamos sido cegados por nossa época, a questão permanece: "Como saber se é dia ou noite?".[7] Percorrendo o *Compact*, nosso Braille nesta escuridão.

5. Ibid., p. 24. [N. T.]
6. Ibid., p. 10. [N. T.]
7. Ibid., p. 3. [N. T.]

– *E, mesmo assim, a História nunca deixa de reavivar esses apelos à identidade, encarnada em um território... etc.*

– Essas são as derradeiras explosões selvagens do retorno da dimensão identitária reprimida. Quanto mais se constata o desenvolvimento da Relação, quanto mais avança a crioulização, mais se exacerbam à loucura os que estão aterrorizados com esse movimento do mundo. Eles chamam isso de globalização, seu novo demônio, o Mal Absoluto que pretendem exorcizar. Por isso, os locais de mistura e partilha, as Beirutes e as Sarajevos, são sistematicamente martelados e esmagados. No menor dos vilarejos, onde fora erguida uma ponte entre duas comunidades, a ponte foi pelos ares. As Ruandas são mantidas em seu desamparo. Parece não haver nada que possamos fazer quanto a isso. Mas estamos transformando, em nós e ao nosso redor, esses sopros da noite derradeira.

A dificuldade é que as forças da opressão, que são multinacionais e têm interesse em realizar a *sua* totalidade-terra, a partir da qual finalmente poderão chegar a todos os lugares para levar a mau termo seus lucrativos abusos, das mais grandiosas cidades à mais minúscula ilhota, também se têm valido de uma estratégia que parece globalista. "Abram-se! Não se fechem em suas identidades." O que, neste caso, quer dizer: "Rendam-se ao apetite irrefreável do mercado". É assim que elas pretendem dissolver vocês todos no espírito do tempo. Alguns povos resistem. Sim, com dificuldade. A imperiosa oposição pode, eventualmente, acarretar o enclausuramento e, por uma terrível ironia, ratificar a ameaça implícita decretada pelo capitalista.

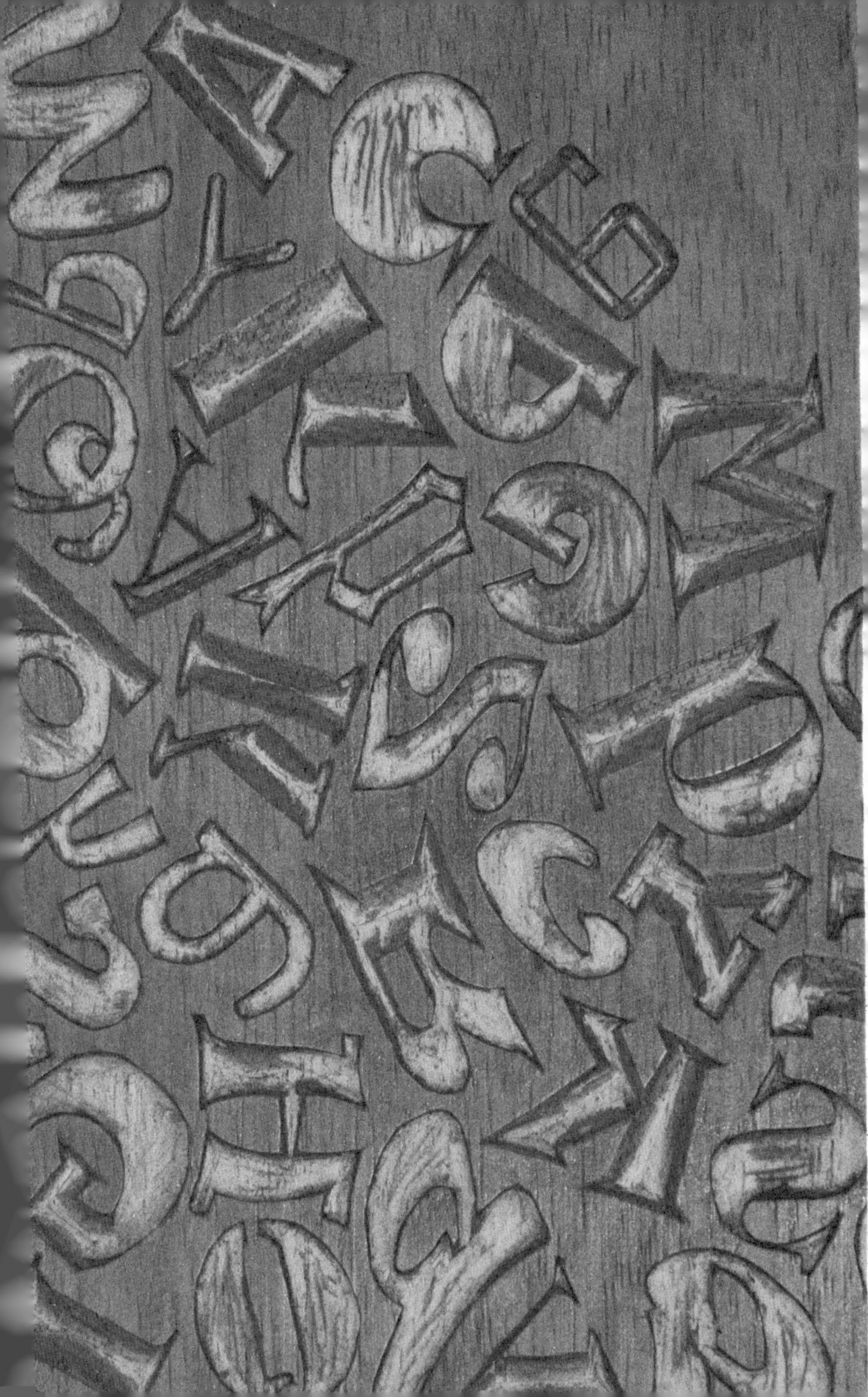

OBJEÇÕES A ESSE TAL *TRATADO* DE MATHIEU BÉLUSE, E RÉPLICA

Objeções

Porque todo esse entorno nos desenraíza. De um só jornal de um só canto do mundo (todo país é um canto), num só dia, um só: As autoridades australianas apresentam um pedido oficial de desculpas às nações aborígenes pelo sequestro generalizado de crianças ao longo de décadas, para que fossem submetidas a uma assimilação brutal e forçada *indo para* Os mortíferos combates se intensificam no Congo (em algum lugar foram esquecidos os refugiados do Zaire – um ou dois milhões, sabe-se lá, e onde?) *indo para* Não se sabe quantas pessoas foram executadas sumariamente na Albânia *indo para* Acredita-se que a água de La Hague[1] favoreça a propagação da leucemia *indo para* Algas de origem desconhecida estão devorando o Mediterrâneo *indo para* Um homem morreu antes de cruzar a fronteira e foram encontrados em seu estômago dezenas de frascos de cocaína *indo para* Foi desmantelada uma rede de pedofilia *indo para* Um homem armado com uma metralhadora invadiu uma escola e matou 28 alunos e sua professora *indo para* Buracos atravessam a camada de ozônio

1. Ocasionalmente aportuguesado como "a Haia", em decorrência da etimologia germânica que compartilha com Den Haag, sua homóloga nos Países Baixos, La Hague é um cabo situado no extremo noroeste do departamento de La Manche, na região da Normandia, que se notabilizou como termo sinônimo para a usina de reprocessamento de material nuclear ali sediada, que, desde o início de suas operações, em 1966, aproveita-se dos fortes ventos e correntes marítimas da região para despejar no Atlântico efluentes radioativos em volumes que fazem com que, em companhia da usina de Sellafield na Inglaterra, sejam consideradas as mais poluentes e perigosas do mundo ainda em operação. [N. T.]

da Terra *indo para* Os colonos israelenses não pretendem desacelerar a ocupação desenfreada dos territórios palestinos *indo para* Os massacres se alastram na Argélia *indo para* Tremores de terra no Irã e em diversos pontos da Califórnia, onde isso não importa e tudo se mantém como sempre *indo para* Amplia-se dramaticamente o fosso entre os países do Norte e do Sul *indo para* Os americanos vêm apertando o cerco contra a imigração, e os franceses não querem ficar para trás, restando a Itália como o único país onde se pode ingressar diretamente, mas isso pode não se manter por muito tempo *indo para* A segunda Cúpula da Terra tem início com um cenário sombrio *indo para* A ladainha de lugares-comuns, economia de mercado, globalização, sociedades multiétnicas, guerras e massacres, massacre e guerra. Imaginem o que estamos imaginando.

Porque, por exemplo, estamos apenas começando a perceber que é um ato de barbárie exigir que uma comunidade de imigrantes se "integre" à comunidade que a recebe. A crioulização não é uma fusão; ela exige que cada componente subsista, mesmo que já esteja mudando. A integração é um sonho centralista e autocrático. A diversidade acontece no local, percorre o passar do tempo, divide e une vozes (as línguas). Um país que se criouliza não é um país que se torna uniforme. A cadência multicolorida das populações condiz com a diversidade-mundo. A beleza de um país surge da sua multiplicidade.

Porque temos uma vaga ideia de que os fluxos de imigração, cujas causas reconhecemos ser muito precisas (populações fugindo da carnificina da guerra, pessoas arruinadas pela fome em sua terra natal, a lenta deriva de comunidades inteiras rumo a terras de esperança), talvez sejam também regidos por uma dinâmica errática, uma parte do sonho do mundo, e por isso não entendemos como ou por que esses fluxos de imigração começam e param. As condições melhoraram no país de origem? O país de destino não oferece tantas vantagens quanto se pensava? E se os fluxos forem mais irracionais do que supomos ou, pelo menos, de natureza fractal?

Porque tudo isso gera ondas. Mundiais, as grandes ondas da música, esses dilaceramentos compartilhados como uma comunhão elementar e ainda mais sagrada por causa disso. Mas também os misteriosos traços das mestiçagens que desbravam todo tipo de musicalidade combinada, conjugada, cúmplice. Mundiais as vibrações geradas pelos eventos esportivos, como se o mundo fosse um imenso Coliseu. Mundiais as explosões da nossa sensibilidade comum, que se perverte com a mesma obstinação e numa mesma direção. Não sabemos o que é o amor, e não nos importamos. Mundial, certamente, a globalização, para a qual ninguém está preparado, por mais que já venha ocorrendo há muito tempo. Os deslocamentos, não de trabalhadores, como nos bons e velhos tempos, mas de postos de trabalho (para onde os custos sejam os menores possíveis), que devastam uma terra sem enriquecer outra. As leis do lucro, que, em seu encadeamento imperscrutável, são regidas por uma estrutura do caos, e que sempre engendram o caos. Todos os lugares-comuns da evanescência, que não representam encontros dos pensamentos do mundo, mas a constatação generalizada do mesmo esbanjamento de energias.

Porque nos damos conta de que isto ao nosso redor é o verdadeiro segundo mundo, aquele que as tecnologias emergentes vêm tentando, aliás, engendrar no seio de seus computadores. Vivemos a nossa vida e vivemos a vida do mundo. Por vezes, parece que aquela é o engodo desta, sobre a qual não temos controle. Vivemos em duas ou mais dimensões, pelo menos quando as condições ao nosso redor nos proporcionam algum espaço para o eco e, literalmente, a reflexão. Não é o romance que ilustra ou registra isto: a medida desse ardoroso e imperceptível abalo de todos os dados intrincados de algo tão inextricável: não a história, mas os cacos. Ou então o romance se torna poesia, essa poesia que nos propicia um imaginário, fragmentário e totalizante, frágil e atuante.

Porque teremos que nos acostumar com a indiferenciação progressiva das espécies, das raças, dos gêneros, dos vírus ou das variedades dos seres vivos (a máquina que produz mutantes), que vem ganhando terreno sem que se possa imaginar como.

Porque estamos lidando com esse conhecimento novo e flutuante, que permite que não sejamos engolidos.

Porque sabemos ser necessário viver do lado de dentro, ou então desaparecer no remoto além.

Diz-se que a Relação é global, e isso não é algo evidente, pois se vê que não apenas seu espaço é global, mas também que seus espaços particulares são irrigados pelo espaço do mundo. Certamente há espaços fechados, de onde é difícil escapar, por todos os tipos de razões econômicas, políticas e mentais. Há espaços devastados, onde o infortúnio perpetua o confinamento. Mas o espaço do mundo está presente em toda parte, é uma invariante. Como reavivar essa presença no imaginário de uma comunidade aparentemente abatida por seu isolamento, mas que, ao mesmo tempo, luta contra aquilo que a isola?

Réplica

Há que se considerar a desgraça dos povos. Não apenas por uma questão moral, mas porque essa desgraça, sempre ofuscada ou ocultada, cumpre um papel importante em nosso conhecimento do mundo e de nós mesmos.

Há que se considerar o labor implicado nesse conhecimento. Em nossa galáxia intelectual, aparentemente é possível fazer uma avaliação ignorante das ciências. Ousamos acreditar que conseguiremos nos ater a esse caminho da ciência, sem nunca nos perdermos nele. Porque a ciência, graças a tantas tecnologias, entrou em nossas vidas. Ela não é mais o domínio fabuloso, reservado, impenetrável ao senso comum, remoto e improvável que era na Europa do século XIX. Ela frequenta outros campos do conhecimento, inspirada por culturas até então desdenhadas. Houve tantas aplicações práticas e imediatamente expressivas, que assumimos frequentá-la sem pudor. Os mecanismos de divulgação parecem ter se tornado tão cruciais quanto aquilo que divulgam. As terríveis manipulações genéticas realizadas em laboratórios secretos já não nos impressionam mais. Somos capazes de discuti-las tranquilamente, discordando ou concordando com elas. Como se o simples fato de falar disso em público representasse uma barreira e uma proteção. Em segundo lugar, porque essa proliferação de especialidades e de suas aplicações confirmou o sentimento geral de que não há mais apenas um segredo a ser descoberto (o "fundo" da matéria), mas milhares, e que a ciência agora admite caminhos tortuosos e pistas improváveis. As teorias das ciências do caos ("a teoria do caos, como se sabe...") reforçam isso ainda mais. Os sistemas erráticos, as invariantes e as realidades fractais são atributos não apenas da matéria em movimento, mas também das culturas humanas em interação. Havemos de convir que nos são compatíveis. E, por fim, porque toda uma área das ciências, a mais aventureira, se é que isso se aplica, corrobora aquilo que poderíamos chamar de estética: uma base comum de verdade e beleza, sem que esta se reduza a um esplêndido reflexo daquela. Para nós, há uma beleza do mundo que se basta como verdade.

Há que se considerar a difusão dos conhecimentos e das sensibilidades. Aqui temos uma ilustração bem precisa, por antífrase.

Ofereço a vocês uma parábola, quer dizer, um conto cheio de pretensão.

Os Espíritos são os mestres com os quais sonhamos. Eles decidem sobre o Aqui, que é o Centro deles, e o Além, que é a partilha periférica de vocês. Ah, vocês são "os de lá". Nós todos, em suma. Teimamos em afirmar que a nossa partilha é real e que o Centro pertence ao sonho. Os Espíritos são uma entidade, composta por elementos distintos e indistinguíveis. Mas esses Espíritos nos produziram, nós os concebemos em espírito, e é assim que tudo funciona.

A *Entidade da Ação*, ela mesma trina (lembrem-se, por exemplo, de esperança, fé e caridade, ou então de liberdade, igualdade e fraternidade, e assim por diante, ao infinito), pensa num só movimento e age da mesma forma. Nem adianta tentar inferir por quais mecanismos, basta saber que ela atua, como evidenciam nossas existências restabelecidas, como terra cinza na terra vermelha.

A *Entidade da Permanência* é única. Sua função não é exprimir nem agir, mas ser. Ah, ser... Ser, enfim... Ela esmigalha pedaços do tempo com os quais se veste e cobre "os de lá". Nós, em suma.

A *Entidade da Fala* analisa cada palavra falada daqui e de lá (onde, por conta própria, nos situamos) e descarta no nada qualquer declaração que não considere aceitável aos seus olhos. Sofremos terrivelmente com isso. O falante cuja fala é assim revertida em silêncio se vê objeto de uma diminuição em sua presença, não diria em seu ser, da qual ele raramente se recupera. Diz-se que essa Entidade mantém entre "os de lá" – nós, em suma – cortesãos e informantes, deixando uns felizes e outros infelizes. Ela nos compara uns com os outros, e tremermos por isso, ele define para nós os crivos e as láureas. Ela nos elege.

Os Espíritos sabem que são o sonho "dos de lá" e que se dissipariam em espírito se os de lá deixassem de acreditar.

Isso não passa de uma parábola, um conto infundado e que se tem em alta conta.

Os avanços e as insolências das ciências, os mergulhos e as errâncias da criação artística certamente não ocorrem em "modo contínuo". Quando muito, é justamente isso que a ciência e a arte mais inapelavelmente têm em comum. Mas o criador ratifica e o cientista supõe: duas dimensões da forma inventiva. O artista precisa ter razão no momento em que molda a sua criação, o cientista precisa duvidar, mesmo quando tem provas. Dessa mesma forma, eles invadem o desconhecido, partindo do mundo cognoscível. Suas relações são de incerteza coordenada e de certezas sonhadas. "O que existe além da aparência", poderia ser essa a garantia de um encontro, seu melhor lugar-comum.

MEDIDA, DESMEDIDA

O Um exalta e o Diverso aclama.
Como somos inerentes a essa constelação de humanidades.
Como isso não se torna um sistema. Como a totalidade é sempre totalizante. Como o Todo não é fechado nem suficiente. Isso é viver o mundo.
O sonhar também. Na magnificência de Milosz![1] "Como o mundo é belo, amada, como o mundo é belo."[2]
Mas sonhar o mundo não é vivê-lo. Para nós, a beleza não brota do sonho, ela irrompe do entrelaçamento.

---

1. Oscar (Vladislas de Lubicz-)Milosz (1877-1939) foi um celebrado poeta, dramaturgo, romancista e ensaísta lituano que escrevia em francês. Nascido no Grão-Ducado da Lituânia, sob o domínio do Império Russo sobre o que hoje é o território de Belarus. Durante a Primeira Guerra Mundial, lutou no front ocidental como integrante da divisão russa sob comando francês. Quando, ao final da guerra, a Lituânia se tornou independente, assumiu a representação do país na Liga das Nações. Morreu em março de 1939, poucos meses antes da eclosão da Segunda Guerra Mundial e da anexação da Lituânia e de parte da Polônia pela URSS, na esteira da partilha dos territórios do Leste Europeu entre a Alemanha nazista e a União Soviética stalinista. [N. T.]
2. Invocação que se repete ao longo do "Cântico da primavera" de Milosz: "Cantique du printemps", in: *Poèmes 1895-1927*. Paris: Fourcade, 1929, p. 47-51. [N. T.]

Infinitif du temps

Le temps ratifie-t-il la légitimité ? N'est-ce pas
La Filiation, désireuse et mesureuse de temps
Pourvoyeuse en durée quand la durée défaut
Qui en soutenait plutôt, par nature et droit
Le principe ?

Déboulée la horde des filiations
S'évanouit la légitimité. Alors
Plus d'indication cette flèche de temps
Qui fuse
Projette, ravage
Au feu consumant de la linéarité
L'espace du monde.

La filiation s'efforçait à garder la file
Des générations, elle dénombrait
L'almanach du temps. Mais elle est
À douleur et lèpre, la force sèche
Qui en rivait le nécessaire
En chevillait la jointure, au plein
De ce corps tout rapine et souche
Le territoire.

La légitimité fut cette cheville-là
Et ce rivet. C'était la Rive
D'où partir en conquête, par négation
de l'heureux multi-temps, et par extase
De la racine-temps.

Infinitivo do tempo

O tempo ratifica a legitimidade? Não é
A Filiação, ávida e contadora do tempo
Provedora de duração quando a duração falta
Que, em seu lugar, apoia, por natureza e direito
Seu princípio?

Desabada a horda das filiações
Dissipa-se a legitimidade. Então
Sem indicação – esta seta – de tempo
Que grassa
Arroja, arrasa
No fogo consumidor da linearidade
O espaço do mundo.

A filiação se empenhava em manter a fila
Das gerações, ela enumerava
O almanaque do tempo. Mas ela é
Por tratos e lepras, a força seca
Que lhe atava o necessário
Lhe estacava as juntas, ao cerne
Desse corpo todo rapina e raiz
O território

A legitimidade era essa estaca
E esse rebite. Era o Confim
De onde partir à conquista, por negação
do venturoso multitempo, e por êxtase
Da raiz-tempo.

*C'est par quoi on a vu grandir
Ce temps-monde rapace
Qui entendait manger le monde
L'expulser
En concrétion universelle, c'est dire
En Territoire absolu.*

*Et tout de même que les paysages les pays
Qui se partagent s'animent
Sont finistères du territoire
L'ouvrent en traces, l'infinissent
Oui tout ainsi*

*Désengager la filiation
Cet absolu des légitimités, dérouter
Le prétendu temps-monde sur sa ligne
C'est jaillir à chaos enfin
Dans les multiplicités du temps
Qui toutes font qu'un chacun l'envisage
Ou le fixe
Sans vaciller.*

Foi como se viu crescer
Esse tempo-mundo voraz
Que queria comer o mundo
Expulsá-lo
Em concreção universal, ou seja
Em Território absoluto.

E ainda assim as paisagens os países
Que se compartem se despertam
São finisterras do território
Abrem-no em traços, infinitam-no
Sim, tudo assim

Desvincular a filiação
Esse absoluto das legitimidades, desviar
O pretenso tempo-mundo de sua carreira
É lançar-se ao caos enfim
Nas multiplicidades do tempo
Que fazem todas com que todos o vejam
Ou o fixem
Sem vacilar.

A deriva dos idiomas constitui uma paixão dolorosa: ninguém foi mais acometido por ela do que Gaston Miron. Numa rua de Montreal, ele se curvava na calçada, recolhia sua pobre e bela língua quebequense e me dizia: "Olhe só, olhe para essas pessoas passando, elas sofrem em sua língua. Talvez elas não consigam dar vazão a isso. E como poderemos imaginar um bilinguismo ou um multilinguismo se a nossa língua está sendo roubada de nós?". De minha parte, eu insistia que a língua crioula também estava abandonada, e que tantas outras estavam desaparecendo, e que tínhamos de sair ao encontro das línguas do mundo sem nos restringirmos à nossa própria voz. Ele prosseguia, e é claro que tinha razão: "É isso aí, com nossas entranhas e com nossa cabeça, manteremos erguidas nossas línguas francesas, tão erguidas quanto nossas línguas crioulas". Michael Smith, o poeta assassinado, trabalhava de outra forma, com os cantores da Dub Poetry, das profundezas da língua inglesa.[1] O resultado foi uma tensão barroca, uma concentração de sotaques roucos, como de alguém que já tivesse deixado sua voz gritar demais em um deserto. Lamento muito não ter aprendido a língua árabe e não poder apreciar como Mahmoud Darwish lhe confere paisagens inauditas, como se pode entrever por meio das versões francesas de seus textos. Mas a tradução é justamente o que nos permite esse vislumbramento. Darwish falou das Américas, interpelou Colombo com poesia e cantou a Relação. Abrir o imaginário das línguas, conferindo-lhes novos espaços, significa combater concretamente as uniformidades, as dominações e os padrões.

1. *Dub Poetry* foi a expressão cunhada pelo aclamado poeta jamaicano Linton Kwesi Johnson para se referir ao movimento poético, musical e literário que surgiu e se difundiu, na Jamaica e nas cidades americanas e europeias com significativa presença da diáspora jamaicana, a partir das declamações públicas de poesia composta em *patwah*, também chamado de crioulo jamaicano, e recitada sobre uma base musical de reggae instrumental. [N. T.]

Martinica

Dizer que a Utopia se faz justa e viva quando é compartilhada por todos. Quando, compartilhada, não descamba para a presunção e a loucura coletivas. Nós, povo de Guadalupe, da Guiana Francesa e da Martinica, devemos esquecer nossos aborrecimentos políticos. E é claro que tínhamos razão em não aceitar sem protesto que definhassem nas prisões construídas em nossa terra as pessoas que na Guiana Francesa lutaram contra a negação, o equívoco e a injustiça em seu país. Da mesma forma, teremos razão em nos unirmos como um só corpo para empreender grandes obras. Estamos acostumados a pensar em termos arquipelágicos; alinhemos nossas ações a essa bela desmedida, que não é desordem nem alvoroço. Chamemos Barbados e Jamaica, Trinidad e Porto Rico, chamemos Cuba e Haiti. Vejamos como enxertar a Utopia nestas plantas colhidas da flora crioula. Pelo menos, proponhamos isso. Nós precisamos deles, eles precisam de nós. Não, a ideia de precisar é limitadora. Os povos do Caribe estão em nós, e nós estamos neles. Façamos o que pudermos para tornar estes Arquipélagos lugares perenes no mundo, lugares soberbamente comuns. Iniciemos a limpeza ao redor deles, e que a Martinica, por exemplo, se proclame e se conserve, de uma só vez, como terra orgânica e de clareza. Paremos de acreditar na produção de mercadorias invendáveis, malcuidadas, cujo destino depende de políticas cambiantes decididas alhures. Deixemos de ficar nos arrastando, dos ajustes às falências, dos subsídios às demissões. Busquemos em outras partes do mundo lugares em que possam ser oferecidos e aceitos os produtos que desejarmos, projetados e produzidos de acordo com a nossa decisão comum. Há um lugar no mundo (para compradores, para apreciadores convictos, para entusiastas da troca) para tudo aquilo que brotar de um espaço de luz, para tudo aquilo que proceder de um desejo de limpar as águas e as nuvens, os Jardins e as Areias. O que chamamos de mercado permite que as pessoas que têm condições paguem mais caro por objetos e alimentos no mundo que elas sabem que atendem às garantias que a mentalidade geral exige cada vez mais: distantes da poluição industrial ou química, em consonância com uma nova beleza do mundo e uma nova saúde das humanidades contemporâneas. Muitos outros trilharam esse caminho. Mas, para nós, ainda não é tarde demais. Acreditamos no futuro dos países pequenos quando eles se arquipelagizam assim. Tenhamos presente, naquilo que nos diz respeito, que os problemas decorrentes de nosso estatuto jurídico nas relações com a França apenas suscitarão discussões intermináveis e malfundadas, enquanto não houver independência para pensar, decidir e empreender. A França é um país que, com exceção de seus velhos políticos, não aceita mais coagir outro país. Ela é frágil demais por dentro, refém de suas pulsões xenófobas, para suportar outra disputa. Se seus líderes não prosseguirem com as tratativas, é porque nós não falamos com a mesma voz, e talvez eles realmente não saibam em quem acreditar. A questão do estatuto jurídico pode ser resolvida no contexto de nossa integração no Caribe. Tratemos com a França, não para a combater, nem para ser seus servos, tampouco seus encarregados, mas para lhe dizer com uma só voz que pretendemos realizar algo diferente. Expliquemos também que a norma da sua língua logo se tornará obsoleta (existem por lá especialistas encarquilhados dessa língua, tão anacrônicos e pretensiosos quanto aqueles velhos políticos que mencionamos), se a língua não correr os riscos do mundo. E que nós já transmutamos essa língua, trazendo-a conosco. Como fizeram os jamaicanos com o inglês ou os cubanos com o espanhol. Antes de mais nada, arranquemos isso do fundo de nós mesmos: a independência do pensamento. Busquemos essa utopia de que tanto precisamos. Façamos da Martinica um lugar do mundo, é a nossa vocação: ou seja, um lugar onde neutralizaremos gradualmente as concretagens que por muito tempo acreditamos ser os sinais evidentes da prosperidade, onde regeneraremos nossos solos infestados de pesticidas, onde restauraremos o curso dos nossos rios, onde limparemos incansavelmente as nossas costas, para que os peixes voltem, onde desaceleraremos o fluxo fatal de carros que corroem o país como formigas num pedaço de pão abandonado, onde ensinaremos usando as nossas referências, indo ao encontro dos saberes do mundo inteiro, onde nunca mais deixaremos esses jovens vagando à deriva no vazio e na inquietação, onde deixaremos de travar entre nós essas batalhas inúteis de opinião que se transformam em mesquinharia. Mas façamos isso, proponhamos isso a todos, com a tranquilidade de quem não pretende dar uma lição aos outros. Deixemos de acreditar que a abrangência insana do nosso consumo, exacerbada por todo tipo de artimanha comercial, é capaz de produzir felicidade. Não é. Não creiamos ser os privilegiados do Caribe. Esse consumismo desenfreado gera um mal-estar subterrâneo, que nem por isso deixamos de sentir, uma inimizade entre pessoas que nem sequer sabem por que não se suportam mais. Uma mediocridade que desconhece a si mesma. Busquemos fazer do Caribe um pulmão saudável da Terra, uma mancha azul permanente em meio ao cinza circundante, até que o azul triunfe em todos os lugares. Nossa identidade coletiva é uma síntese, mas nem por isso acreditemos que tenha sido abastardada. Ela é a marca e a insígnia do imprevisível a que nossa imaginação se habituou. Nossas identidades-rizomas acabaram com as essências, com as exclusividades, com os ritos do retraimento. Entremos em nosso próprio mundo, o que também significa entrar no mundo. Abramos espaço para todas as línguas, e para a nossa língua crioula em primeiro lugar, porque é uma língua sintética e imprevisível, e abramos espaço para todas as linguagens, individuais ou coletivas, do poeta ou do artesão, que vislumbram e ilustram a diversidade desmedida do mundo. E apliquemos a essa Desmedida a nossa Medida, que jamais seria capaz de ser um estreitamento. A medida é o sinal da independência real do pensamento, o indicador de uma vontade que não esmorece. Não é a dimensão restrita da ordem convencionada ou dos regulamentos arbitrários. Não tem a pretensão de tudo antever no movimento do mundo nem de traçar visões de futuro. Nossas humanidades já desistiram, assim o esperamos, dos planos quinquenais. A medida é audácia e renovação, de forma persistente. Todos os povos são jovens na totalidade-mundo. Não há mais civilizações antigas zelando pela saúde do Todo, como patriarcas paramentados com uma sabedoria centenária, enquanto outros povos seriam ávidos e selvagens em sua juventude inexperiente. A Desmedida encurtou os tempos e os multiplicou. Quem é velho é que percebe mais de perto o desenlace desses tempos, por mais imprevisível que seja. Quem é velho é que flui em unanimidade com esse movimento do mundo. A velhice já não tem mais como ser avaliada à luz do passado. Somos todos jovens e velhos, conforme os horizontes. Culturas atávicas e culturas compósitas, os colonizadores e os colonizados de outrora, os opressores e os oprimidos de agora. Lutamos contra a opressão em nosso espaço local, mas também nos abrimos para as ilhas vizinhas, e para todas as terras. Isso não significa abandonar nossos ancestrais, conhecidos e desconhecidos. Todas e todos que tombaram ao fundo das Águas Imensas enquanto durou o tráfico escravagista, todas que sufocaram o fruto de seus ventres para protegê-lo da escravidão, todas e todos que penaram nas plantações, que se aquilombaram no alto dos morros. Fazer com que entrem conosco na renovação de todas as coisas. Dar sentido àquilo que eram, que tanta dificuldade temos para conceber. Encarar aqueles tempos desesperadores que nos lancinam. É mesmo necessário invocar aqueles tempos? Sim, para abri-los. E para não recairmos nas velhas definições. A vantagem de uma ilha é que ela pode ser circunavegada, mas uma vantagem ainda mais valiosa é que essa circunavegação é infindável. E é bom não esquecer que a maioria das ilhas do mundo forma arquipélago com outras. As ilhas do Caribe são dessas. Todo pensamento arquipelágico é um pensamento do estremecimento, da não presunção, mas também da abertura e da partilha.

Ele não exige que primeiro se estabeleçam Federações de Estados ou ordens administrativas e institucionais; ele inicia por todos os pontos o seu trabalho de entrelaçamento, sem se amarrar em pré-condições. Em se tratando de nossas relações no interior do Arquipélago, comecemos pelas pequenas coisas, sem perder de vista as grandes. Somos os pacotilheiros da realidade caribenha. E proclamemos em alto e bom som esta nossa divisa: *Martinica, primeiro país orgânico do mundo*.[1] Ela não atenderá a um modismo ecológico, mas a necessidades muito precisas relacionadas à preocupação com a ecologia. Adaptaremos nossa organização do trabalho, nossa distribuição de recursos e o equilíbrio de nossas sociedades à medida que avançarmos, cientes de que será demorado e difícil. Desde que corresponda a uma realidade, trata-se de um rótulo, que se dirige àqueles que vêm ao nosso país, àqueles que compram seus produtos em outros lugares. Sim, difícil e demorado. É preciso contabilizar as reconversões deficitárias, os novos hábitos a serem estabelecidos, os períodos tumultuados de adaptação, a necessidade de planejar uma mudança gradual, os tropeços iniciais e o desânimo individual e coletivo. Mas será que a nossa situação atual é invejável e viável? Podemos seguir assim? Achamos que sim, mas imediatamente nos perguntamos por que este descontentamento, esta preocupação dentro de nós? O conforto relativo de alguns não se faz acompanhar por esse mal-estar generalizado, que corrompe a todos nós, e pelo desconforto absoluto da maioria? Aguardaremos eternamente os consolos e soluções vindos da França, e que, nesse caso, não são efetivamente nem uma coisa nem outra? E se não nos entregarmos a essa utopia, não precisaremos imaginar uma outra? No chamado mercado global, os países pequenos se salvam ao se tornarem especialistas em produtos qualificados, que a máquina industrial é incapaz de superar ou subtrair. Inventemos esses novos produtos, fruto de novos métodos. Corramos esse risco.

---

1. Ver Patrick Chamoiseau, Gérard Delver, Édouard Glissant e Bertène Juminer, "Manifeste pour refonder les DOM", *Le Monde*, 21 jan. 2000, disponível online. [N. T.]

Nossa responsabilidade nessa área é coletiva, e assim deve ser nossa ação. Devemos tornar o nosso espaço local desmedido, ou seja, conectá-lo à Desmedida do mundo. E contemplar também a sua beleza. Minha esperança reside na fala das paisagens. As margens de nossas florestas se dissolvem nas terras cultivadas que submergem na areia. É todo um repertório abreviado. Nem os abacaxis, nem a cana-de-açúcar, nem as bananas conseguem realmente aplainar o entorno. A Pequena Guiné faz divisa com a Pequena Suíça. Os Cerros são verdes e vermelhos. Os altos damasqueiros sombreiam os Vales. Igualmente belo é reencontrar essas paisagens ao longo do Arquipélago, com todas as nuances e variações possíveis. O tecido de nossos países se ergue de seus vulcões e se entranha por suas ravinas, mergulha nas profundezas do mar e renasce, ressurge, transformado, mas continuamente em si mesmo, em Santa Lúcia ou Marie-Galante, em Dominica ou na República Dominicana. Falemos com todos que compartilham conosco esses países. E que o Caribe Crioulo diga ao mundo que está se crioulizando. Tendo congregado sua multiplicidade em uma diversidade admiravelmente convergente. Mas sem nenhum tipo de uniformidade. Consagremos isso entre nós. Este não é um Chamado, nem um manifesto, tampouco um programa político. Um Chamado seria, para a pessoa que o lançasse, a marca de uma proeminência que não tem lugar aqui. O manifesto pressuporia ter-se em alta conta. O programa político não seria apropriado nem convincente. Este é um grito, simplesmente um grito. De uma utopia viável. Se o grito é ouvido por alguns, ou por todos, ele se torna fala. Um canto comum. O grito e a fala se alternam para elevar o plano do que é possível em nossos países, bem como daquilo que sempre acreditamos ser impossível.

Voltamos ao local, tal como escapamos do conto. Mathieu, aquele que não é Béluse, olhando casualmente e de relance para este texto que ando tecendo, ingenuamente me aconselhou ("se não seria possível, por favor") que o escrevesse usando *ele* em vez de *eu*. Ele gosta de ouvir narrativas, histórias. Ele reforça e consolida a arte do romance. Eu lhe digo (usando *ele*) que Mathieu Béluse voltou. Ele parou de correr por aí porque, segundo ele, não há mais como seguir adiante. Alguns querem ir a Marte e, em breve, a Betelgeuse, mas não dispomos das suas tecnologias. Ele prefere soletrar a Terra, como se estivesse aprendendo com ela. E se tivermos mesmo que ir a Betelgeuse e, em breve, a Fomalhaut?

Mathieu Béluse consulta um ramo de gengibre-concha[1] e assim descobre o que está por vir. Com Marie Celat, ele aprende esta arte impossível: conviver com o imprevisível. Ele entra em arquipélago. Aquela não é uma horta para ser cultivada, o distanciamento não é um retraimento. A horta crioula é um campo cerrado que cuida de si mesmo e onde as espécies se protegem umas às outras, como ilhas que se juntam em bandos. E então, o trafalgar dos tempos: Oriamé, Désira, Mycéa. O romance se refaz em ajupás marinhos. Mathieu Béluse voltou aqui-lá.[2]

---

1. Chamada de *atoumo* em kreyòl e de *à-tous-maux* em francês, a *Alpinia zerumbet* tem uma vasta gama de aplicações no campo das terapias tradicionais em todo o Caribe, o que já se deixa inferir a partir do seu nome popular, que significa, literalmente, "para todos os males". [N. T.]
2. Sobre a noção de aqui-lá, ver nota 2, p. 15. [N. T.]

A narrativa tinha origem na calma conturbada ou comedida da comunidade, naquele preceito que a separava de tudo o mais. Seu simbolismo encontrava ali um sentido.

As palavras tomaram distância em relação aos mistérios da imperiosa narrativa e da amplidão lacunosa do poema. Abdicaram da estrita certeza da língua. Era como se, entregues ou derrubadas por todo esse entrechoque do entorno, elas evadissem o nosso querer-dizer.

Elas já não criam mais planetas e galáxias, envoltos cada um em seu sol ou em seu movimento. Elas se dispersam no infinito, antes que esse movimento exploda, que esse sol se torne uma imensa estrela morta, uma anã calcinada.

Nessa explosão, que talvez pressagie uma galáxia única, primitiva e final – mas qual seria? –, a narrativa perde seu poder simbólico, essas camadas de sentido que se escoram mutuamente, tal como o poema perde o ardor de encarar as palavras como matéria, alheias ao conceito.

O que isso quer dizer? Para alguém que não vê nas palavras nada além de uma paragem familiar, de anseios imediatos demais, da imposição, sem nenhum outro eco, do dia que passa e da noite que se arrasta?

O que isso é capaz de dizer, você que segue em frente sem esteio nem cova onde se encostar, sem herança nem memória onipotentes, neste lampejo de todas as coisas recém-nascidas?

Totalidades

A crioulização contempla continuamente o seu oposto, e o Arquipélago conjuga qualquer Suíça.
　Uma Suíça? Quiçá o prenúncio do todo-Ser, que se preserva como ser-tudo.
　E o que seria o Arquipélago? A dispersão do não-Ser, que congrega o ente do mundo.
　O ente como entes.
　O Ser fica imóvel nas montanhas, protegido pela neve e por avalanches impenetráveis.
　O não-Ser já não extingue a vontade na placidez da passividade, tampouco a extenua em investidas cegas. O não-Ser não é o não ser.

　Lá estava eu, não o Ser, mas penosamente sendo, imóvel e rijo na ladeira gelada daquele vilarejo quase desabitado nos Pirineus. Prisioneiro dos velhos paralelepípedos recobertos pelo gelo, horrorizado com a minha posição insustentável, gritando ao longe para meus amigos me deixarem em paz. Até que resolvi saltar para a beirada, onde as raias de neve fresca na base da sebe permitiam que eu me segurasse e conseguisse caminhar. Assim, eu poderia descer ou subir como bem entendesse.

　Se a crioulização aceita e concebe o Único, o impensado do Ser, ela também admite o seu oposto.
　As infinidades da gradação ilusória são todas válidas na crioulização, do Ser ao ente, de Suíça a Arquipélago. Isso equivale a dizer que realmente não seríamos capazes de conceber um Ser-como-ente.

O Arquipélago é errante, da terra ao mar, abrindo-se às ondas e à madrugada.

Mas também há madrugadas na planície enculturada, na montanha impassível, na península que assiste ao avanço das terras e provoca o desconhecido. Elas são habitadas. Se não fossem, mereciam ser. Essas humanidades ocupam o traço, do Ser ao ente.

Há tantas identidades de povos e de um mesmo povo, quando este é exilado em seu próprio seio, que seria insano e delirante tentar elencar seus padrões, ressaltar continuamente sua absoluta contradição.

A crioulização é o não-Ser enfim em ação: enfim a sensação de que a solução das identidades não está no fim da madrugada.[1] De que a Relação, essa resultante em contato e em processo, muda e troca, sem nos perder nem nos desnaturar.

Não se diz com isso que é preciso renunciar (ao ente) para enfim aceitar (os entes do mundo). Não, não se diz isso, nem mesmo se supõe. Você pode escapar dessa rua de paralelepípedos cobertos de gelo onde sua carcaça havia perdido o rumo, escapar para finalmente admirar o entorno e respirar o ar frio.

A multienergia das crioulizações não gera um campo neutro em que se atenuariam as aflições das humanidades; ela reativa essa dilatação vertiginosa em que são desfeitas não as diferenças, mas as velhas aflições decorrentes da diferença.

Esse traço do Ser ao ente – aos misericordiosos entes! –, nós o seguimos sem o desfigurar.

---

1. No original, *au bout du petit matin*, a frase inicial de Aimé Césaire em seu *Cahier d'un retour au pays natal*. Paris: Présence africaine, 1997, p. 7 [Ed. bras. *Diário de um retorno ao país natal*, trad. Lilian Pestre de Almeida. São Paulo: Edusp, 2012, p. 5]. [N. T.]

Sim, nossos monumentos nas Américas: o Bois Caïman no Haiti, a Sierra Maestra em Cuba, o Château Dubuc no extremo da Pointe de la Caravelle na Martinica, do qual, no entanto, tudo o que resta no rés do chão é um vestígio enterrado das masmorras onde eram trancados os escravos que ali desembarcavam, as ruínas de Saint-Pierre, o traço dos cutelos nos troncos das seringueiras que ressurgiram nos arredores de Belém e de Manaus, e assim por diante: aquilo que as paisagens, sem o auxílio da pedra nem de qualquer madeira trabalhada, produziram na forma de histórias e de memória, imperceptível mas insistente.

Mas também por toda parte, nos espaços mais além: no alto dos céus que permeiam as galáxias, nas matas que embargam suas próprias profundezas, nos sabores açodados das terras cultivadas, nas savanas que incubam sombras condensadas como bonsais, nas areias do deserto que nos engrandecem o espírito, nas salinas em que se pode estudar geometria pura, nos manguezais que enredam o inextricável, nas geleiras transbordantes, nos fundos marinhos de onde se ergue a noite que se aproxima, nas tundras que nos reviram ao infinito, nos montes que nos plantam com todo afinco. Singulares e semelhantes, cada um deles tem não só sua própria palavra, mas sua própria linguagem. Não só sua língua, mas sua música.

Há quem diga que a crioulização é apenas uma visão geral, e que, a partir daí, haveria um ganho ou benefício em passar às especificidades. Seria um retorno às antigas divisões, ao universal, ao particular e assim por diante. São pessoas que não conseguem ler o mundo. O mundo não lê com elas.

Ode à Pierre et à Carthage

    voici que les céments et les urubes
        se sont unis
    le village s'assemble où est célébrée
        la crête
    le vent distrait la fève d'hier du figuier
        d'ici

ce jour viendra, ce jour viendra

≈

    du mur le plus fragile nous avons
        vu, en bas
    la trirème exhalée en la mer rousse,
        et nue
    courir à l'entrée du Port – sur son
        erre pâmer la voile

    nous qui faisons courant et houle à
        tant d'antans

≈

est-ce la roche au front rauque du
    centurion
est-ce boire l'anis et la serpente
    mésusée
est-ce trois fois l'anneau qui roule
    sur la lame

        écoute,

Ode à Pedra e a Cartago

eis os *céments* e os *urubes*
   a se unir
converge a aldeia rumo aonde se oficia
   a aresta
verga o vento a caturra vagem da figueira
   daqui

esse dia virá, esse dia virá

≈

da mais frágil muralha avistamos
   lá no fundo
exalado o trirreme em mar rubro,
   e desnudo
correr à barra do porto – e no seu
   rumo minguar a vela

somos nós quem escorre e ondula há
   tanto antanho

≈

será a rocha na testa rouca do
   centurião
será beber anis e a *serpente*
   malsinada
será triplo o anel que rola
   pelo aço

   ouça,

∼

*urubes, cégaliers, frusques, métaux
et beaux ramiers.*

≈

urubes, cégaliers, frusques, metais
e rapina em paz.¹

18 *de março de 1997*

---

1. A propósito dos neologismos empregados, ver o rol na seção "Algumas palavras novas" p. 224. [N. T.]

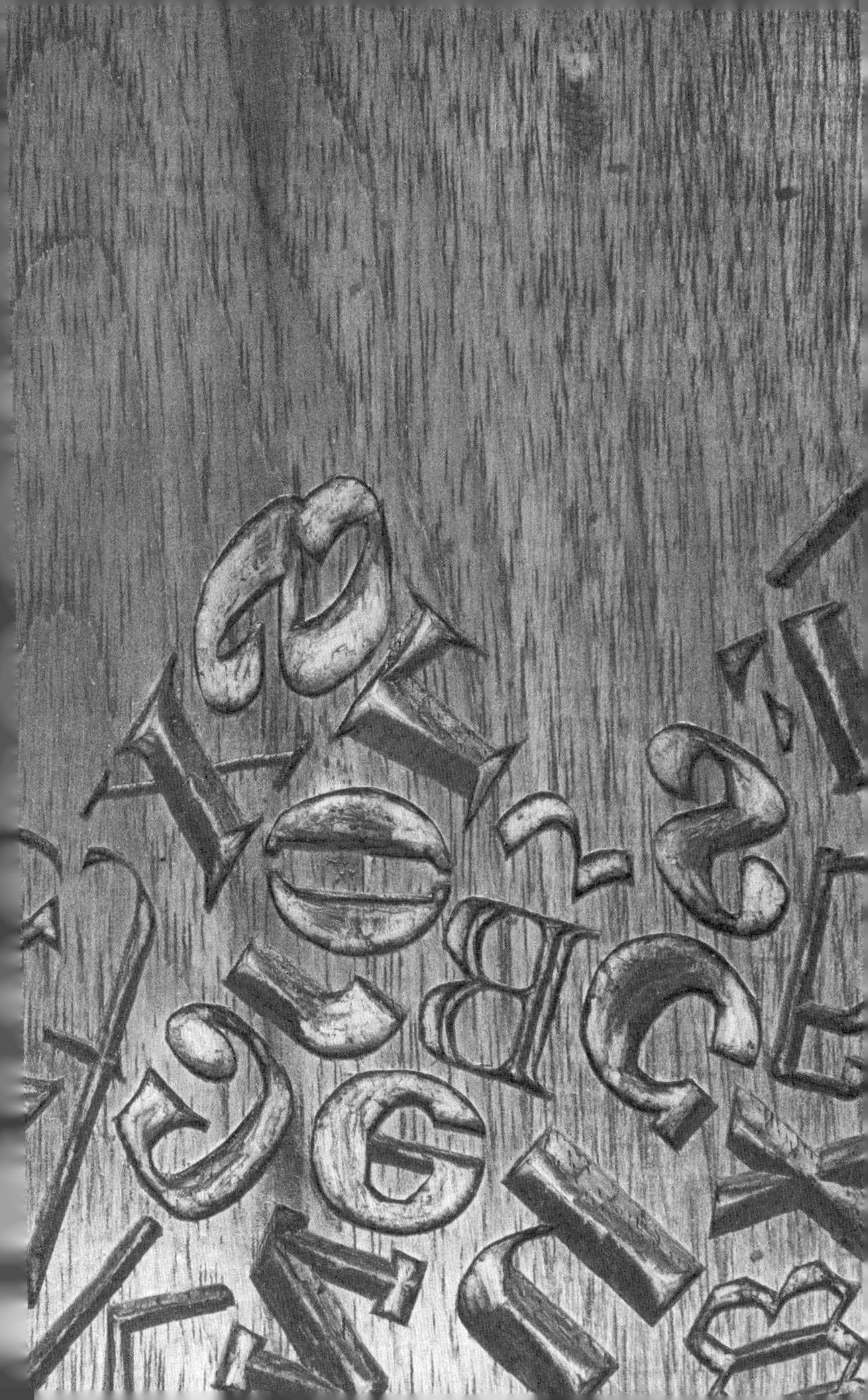

INFORMAÇÕES

A cidade, refúgio das vozes do mundo[1]

A par das guerras econômicas e financeiras, que têm como principais beneficiárias não as nações enquanto tais, mas as multinacionais cuja órbita se estende em todo canto e cujo centro não se encontra em canto algum, começamos a compreender que os verdadeiros desafios atuais, as harmonias e as desarmonias, os encontros e os conflitos incidem primordialmente sobre a cultura dos povos e das comunidades.

No encontro entre o cultural e o político é que se desenham os grandes confrontos do nosso tempo. A política favoreceu o surgimento e a consolidação das nações, na Europa e no Ocidente em expansão. A cultura manifesta a angústia e a convulsão de entidades intelectuais, espirituais e morais que são colocadas de forma espetacular em relação com outras, divergentes ou opostas, dentro daquilo que é hoje para nós a totalidade-mundo.

Este é um bom momento para recordar que a intenção original do Parlamento Internacional dos Escritores era a de nos reunirmos para escutar "o grito do mundo". As culturas em múltiplos contatos geram essa agitação que reconfigura os nossos imaginários, permitindo-nos perceber que não abdicamos das nossas identidades quando nos abrimos ao Outro, quando nos damos conta de que o nosso ser integra um rizoma cintilante, frágil e ameaçado, mas vívido e obstinado, que não é uma aglutinação totalitária, onde tudo se dissolve em tudo, mas um sistema não sistemático de relações, no qual experimentamos a imprevisibilidade do mundo.

1. Discurso proferido no Palácio da Europa, em Estrasburgo, na abertura do Congresso da Rede Internacional de Cidades de Refúgio e do Parlamento Internacional dos Escritores (26-28 de março de 1997).

O imaginário. Quer dizer, a arte e a literatura.
É por meio da literatura que conseguimos discernir esse movimento de desentravamento, que nos impele do nosso lugar para o pensamento do mundo. Esse é hoje um dos mais elevados propósitos da expressão literária. Contribuir, pela força da imaginação, para o surgimento da rede, do rizoma de identidades abertas, que sabem falar e escutar.
Torna-se assim bastante óbvio por que razão os escritores, em virtude da sua própria função, vêm se tornando os alvos preferenciais da intolerância identitária.

A *troca*, a soma combinada dos ensinamentos e das informações sobre tudo o que instiga e fecunda o pensamento-mundo. O intelectual, o jornalista e o artista são, justamente pelo papel que desempenham, o foco principal de todas as forças de confinamento e exclusão.
E quando intelectuais, jornalistas, artistas e escritores se veem isolados em algum lugar do mundo, não são apenas suas vozes que são silenciadas, são suas vidas que são destruídas. O direito de existir e o direito de se expressar são tragicamente conjugados na mesma negação.

A *Relação*, que é ao mesmo tempo a Poética, no sentido atuante da palavra, que nos eleva a sermos nós mesmos, e a solidariedade, por meio da qual manifestamos essa estatura. Toda rede de solidariedade é, portanto, uma autêntica Poética da Relação.
Parece contraditório usar esse termo, uma Poética, em relação a uma iniciativa, a rede de Cidades de Refúgio, que exigiu e ainda exige tantos arranjos administrativos e decisões institucionais e que implica a superação de tantas barreiras erguidas pelo costume, pelas regras convencionais ou simplesmente pelo hábito. Mas estou disposto a me arriscar nisso.
E não se trata aqui de uma ação apenas humanitária, muito embora isso já fosse suficientemente importante. A Cidade de Refúgio não é como um asilo assistencial; ela mantém com a pes-

soa que decidiu acolher um vínculo de conhecimento mútuo, de contínua descoberta, de troca duradoura, o que faz dessa uma iniciativa genuinamente militante uma participação ativa no grande encontro "do dar e do receber".

Como em tudo o que diz respeito às intenções ou ações do Parlamento Internacional de Escritores, e também em consonância com a vontade expressa das cidades que se comprometeram a implantar essa rede, nenhuma das ações que ela promove está vinculada à política partidária. É quando se liberta dos vieses políticos e de suas contingências que a ação cultural mais efetivamente alcança a dimensão política, que lança luz tanto sobre o país em que vivemos quanto sobre o mundo que nos interpela.

O imaginário, a troca, a Relação.

Uma cidade, que pode ser o local de tanto sofrimento, de tanta injustiça, de miséria sufocada, de um desespero sem horizontes, torna-se assim, ao se inserir na imaginação do mundo e ao consumar essa troca e estabelecer Relação, o símbolo e o vetor de novas esperanças.

Uma cidade, uma cidade moderna, é uma identidade territorial,[2] uma identidade de raiz, mas não é algo isolado, não é uma raiz isolada, é uma identidade relacional.

Uma cidade congrega e representa a região em que foi fundada, mas não deixa de estar de igual modo aberta aos sistemas de relações que se foram tecendo entre as culturas do mundo.

A cidade é regional no seio da nação, é nacional no seio do sistema mundial, mas reencontra a própria particularidade quando se trata de consentir na particularidade do Outro.

---

2. No original, *terroir*, termo oriundo de referências ao ambiente rural, indicando a delimitação de um território com base nos elementos geográficos, climáticos e culturais que caracterizam a produção local. [N. T.]

Ela "compreende", o que significa dizer que ratifica, o conjunto de valores dos quais emergiu. Ela "compreende", o que significa dizer que autoriza e ilustra a relação entre os valores que lhe foram trazidos de todos os outros lugares, e que ela acolhe e protege.
A cidade moderna pode, assim, ser um refúgio para as vozes do mundo.
É mérito das cidades da Europa terem respondido tão cabalmente ao apelo do Parlamento Internacional dos Escritores e terem gerado este rizoma da solidariedade e da liberdade de expressão.

Talvez tenham sido instigadas ou favorecidas pela tradição de luta por sua ascensão, de combates por sua liberdade, de esforços por uma vida melhor, tradição que remonta a uma longa história.
O meu desejo é que também possam contribuir para estender esta rede a outros continentes, a outras comunidades urbanas com menos recursos. É preciso que o rizoma se alastre amplamente.

Escutemos o grito do mundo.
Temos de contornar as obrigações e as insignificâncias de cada dia, temos de saudar estes escritores e artistas que se deslocaram para longe de casa e temos de reconhecer o muito que nos trazem, ajudando-nos a tecer esta rede.

O que se ergue de todas as direções, das valas comuns e dos etnocídios, dos campos de limpeza étnica, das guerras intermináveis e dos massacres generalizados é o apelo das comunidades humanas para que sejam reconhecidas em sua especificidade, mas é também a proposição tantas vezes expressa por essas mesmas comunidades oprimidas e sofredoras, como em Chiapas, no México, de que qualquer especificidade se veria prejudicada ao se encerrar e se bastar a si mesma.

Falar do seu entorno, do seu país, é falar do Outro, do mundo.

Temos consciência de que qualquer cultura que se isole e se retraia sucumbirá pouco a pouco ao torpor e ao desalento, num desequilíbrio que é particularmente devastador por não ter explicação plausível. Em meio a isso, o indivíduo é como uma fornalha superaquecida que nada é capaz de apagar.

O que mais estarrece, na verdade, muito mais que o ódio vociferante que nos é jogado na cara, é a rotina diária "normal", tranquila e cordial, profundamente autocentrada, das afirmações de exclusão e rejeição do outro.

Em face desse grunhido atroz, todos aqueles que têm por vocação falar preservam a vivacidade da palavra, que propagam por todo o mundo. Assegurar que possam fazer isso é, uma vez mais, mérito dos responsáveis pela vida pública.

Liberdade de existir, liberdade de expressar, liberdade de criar.

Algumas palavras novas

Foram formadas na plenitude da escrita, não em seus vãos e lacunas, e vale notar que todas se apresentam no plural. Isto porque, à exceção da serpente, que tem o seu antecedente, elas talvez receiem a singularidade do ser. Juntam-se e multiplicam-se, cada uma consigo mesma, cientes de serem efêmeras. A beleza da palavra que não tardará a perecer. Não teria sido melhor deixá-las nos desvãos do poema de onde saíram, sem as glosar agora? Defini-las implicaria desde já matá-las. A definição há de orbitá-las.

Xamaniers   Árvores que produzem xamanas.[1] Árvores de árvores, portanto.

Arapes   Arados asfálticos.

Daciers   Guardiães e magistrados com adagas de aço, literalmente.

Salènes   Silenes e salinas: planícies vivas e improváveis.

Huques   Edifícios em forma cúbica que lembram barracos. A ruína na cintilação fria e luxuosa das vidraças.

Céments   Não o cimento, mas sua imantação, que une em todos os sentidos, em vez de dividir.

---

1. *Samanea saman*, tem seu nome popular comumente grafado como *zamana* na Martinica. Em português, é chamada de chorona ou árvore da chuva. [N. T.]

Urubes   O encanto pastoral de Ur, o pássaro frumentício.

Serpente   Relva infindável.

Cégaliers   Nos países mediterrânicos, tufos de cigarras, à semelhança de raízes sonoras.

Frusques   Trapos e farrapos do tempo, que tornam brusco quem os veste. Não confundir com os *frusques* que talharam o *saint-frusquin*. [pé-de-meia]

Indicações acerca da maioria dos locais e ocasiões

Carrefour des littératures européennes; Parlamento Internacional dos Escritores; Center for French and Francophone Studies, em Baton Rouge; Rutgers University; Musée des arts d'Afrique et d'Océanie; Institut du monde arabe; Universidade de Tóquio; Université de Perpignan; Prix Carbet de la Caraïbe et du Tout-Monde; Université des Antilles-Guyane; Bibliothèque François-Mitterrand; City University of New York (CUNY); Parlamento de Navarra; Universidad de Almería; Assises de la traduction littéraires, em Arles; Columbia University; País Basco; New York University (NYU); Festival Les Boréales de Normandie; Mairie du Lamentin.

Bem como as seguintes publicações: *Littératures*; *Le Nouvel Observateur*; *Yale French Studies*; *L'Esprit créateur*; *Dédale*; *Croissance*; *L'Oriflamme*; *Le Journal du dimanche*; *Les Inrockuptibles*; *Al Cantara*; *Édouard Glissant: poética e política*, de Diva Bárbaro Damato [tese de doutorado, Faculdade de Filosofia, Letras e Ciências Humanas, Universidade de São Paulo, 1987; São Paulo: Annablume, 2003]; *La letteratura caraibica francofona fra immaginario e realtà*, de Carla Fratta [Roma: Bulzoni, 1996]; *Société et littérature antillaises aujourd'hui*, organização de Cathie Delpech e Maurice Roelens [Perpignan: Presses universitaires de Perpignan, 1997].

Merecem igualmente destaque, pelo prazer das trocas, Carminella Biondi e Elena Pessini, em Parma; Alexandre Leupin, em Baton Rouge; Bernadette Caillier, na Flórida; Jean-Pol Madou, em Miami; Geneviève Bellugue, em Paris; Adonis, o poeta, em Beirute; Michael Dash, na Jamaica; Nancy Morejón, em Cuba; Celia Britton, em Aberdeen; Édouard Maunick, em Durban; Gérard Delver, em Guadalupe; Henri Pied, da *Antilla*; Jérôme Glissant, na velha estrada que leva a *Pays-mêlés*; Jayne Cortez e Melvin

Edwards, em Nova York; Thor Wiehjamsson, na Islândia; Emilio Tadini, em Milão; Piva, no seu dialeto de Vernazza; Christian Salmon, em todos os encontros; Jacques Coursil, em Fort-de-France; Patrick Chamoiseau, no La Favorite; Alain Baudot, em Toronto.

O poema "Homenagem [Ode] à Pedra e a Cartago" foi publicado em edição avulsa com tiragem limitada, em versão manuscrita, acompanhada de pastéis de Sylvie Sémavoine.

Dados Internacionais de Catalogação na Publicação (CIP) de acordo com ISBD

G561t   Glissant, Édouard

Tratado do Todo-Mundo / Édouard Glissant; traduzido por Sebastião Nascimento. – São Paulo: n-1 edições, 2024.
232 p. : il. ; 14cm x 21cm.

Tradução de: *Traité du Tout-Monde*
ISBN: 978-65-6119-017-6

1. Filosofia. 2. Política, 3. Poesia. I. Nascimento, Sebastião. II. Título.

2024-1543

CDD: 100
CDU: 1

Elaborado por Vagner Rodolfo da Silva – CRB-8/9410

Índices para catálogo sistemático:
1. Filosofia 100
2. Filosofia 1